■ 교사와 학생, 함께 주인이 되는 학교 만들기 ■

교사가 먼저 시작하는
학교자치
스쿨퍼실리테이션

권재우 지음

i-Scream

■ CONTENTS ■

학교자치, 직접 해보니 훨씬 좋았어요!

학교자치가 뜨거운 화두입니다. 어떻게 보면 학교자치는 당연한 일입니다. 학교 구성원들이 뜻을 모으고, 문제를 해결한다는 것은 이치에 맞는 일이지요. 하지만 지금까지의 학교는 그렇지 않았습니다. 학교는 교육을 하는 곳이라기보다 업무를 하는 곳이었습니다. 교육청에서 시키는 일을 묵묵히 해야 하는 곳이기에 주어진 일만 하기에도 벅찰 때가 많았습니다.

그렇기 때문에 이상적인 학교자치는 교사들의 삶에서 시작되어야 합니다. 왜 학교자치가 필요한지, 어떻게 하는 것이 학교자치인지, 학교자치에서 학생과 교사의 역할은 무엇이고, 무엇을 할 수 있는지 찬찬히 살피고 궁리 해야 합니다. 교사들이 변화의 주인공이 되어야 합니다.

그런데 학교자치에서 교사가 소외되는 경우를 종종 봅니다. 공문으로 학교자치는 무엇이며, 어떻게 해야 하는지, 절차와 규정, 매뉴얼만을 강조하는 것입니다. 학생과 교사의 삶을 가꾸는 소중한 학교자치이지만 막상 학교 현장에서 업무로 생각하지 않을까 걱정이 됩니다.

조장(助長)이라는 말이 있습니다. 한자로는 '자라도록 돕는다' 이지만 속 뜻을 보면 '조급히 키우려다 오히려 망친다'를 의미하는 말입니다. 학교자치가 이슈인 요즘 한 번쯤은 되새겨볼 말입니다. 학교자치를 살리는 일은 많은 시간과 노력, 지원이 필요합니다. 눈에 보이는 성과를 쫓기보다는 천천히 가겠다는 마음이 필요합니다.

그런 의미에서 이 책은 퍼실리테이션을 활용한 학급살이와 민주적인 교사 회의 방법에 대해 다뤘습니다. 1장은 학생자치 부분으로 퍼실리테이션을 활용하여 학생들의 뜻이 반영되는 학생자치의 방법을 이야기 합니다. 학급 비전 세우기, 학급 규칙 정하기, 숙박형 체험학습(졸업여행), 퍼실리테이션을 활용한 온작품 읽기, 영화수업, 학생들의 참여로 만들어가는 마을 수업 등을 사례를 중심으로 풀어나갑니다.

2장은 교사자치 부분입니다. 교사자치 부분에서는 퍼실리테이션의 방법에 대해 구체적으로 다룹니다. 이 책에서는 단순한 방법을 넘어 어떤 마음으로 회의를 준비하고, 진행해야 하는지, 학교 현장에서 퍼실리테이션을 적용할 때 어떤 점에서 주의해야 할지에 대해서 이야기 합니다. 학교자치에서 교직원 회의가 갖는 중요성, 퍼실리테이션과 퍼실리테이터의 의미와 역할, 관계 맺기, 퍼실리테이션의 진행방법, 다양한 회의 방법 등을 알려드릴 것입니다.

퍼실리테이션은 민주적인 회의를 이끄는 좋은 방법입니다. 절차가 있고, 우리가 원하는 결과물이 눈에 바로 보이기 때문이지요. 몇 해 전에 한 연수에 참여하며 들었던 말이 있습니다. '제발 포스트잇을 쓰지 말라'는 이야기였습니다. 왜 쓰는지 그 이유에 대해 고민이 없으면, 기법은 학교를 괴롭히는 괴물이 될 수도 있습니다.

교사와 학생이 주인 되는 학교를 만들기 위해 가장 필요한 것은 '신뢰'입니다. 여기서 신뢰란, 우리의 문제는 우리가 가장 잘 알고, 해결할 수 있다는 믿음입니다. 물론 저 멀리 정답은 있을 것입니다. 하지만 그건 누군가의 답입니다. 우리에게 필요한 것은 정답이 아닌 발 딛고 살고 있는 우리가 만들어 내는 '해답'입니다. 부족해 보이고 허점이 보이더라도 우리 구성원을 신뢰해야 합니다. 이 책을 통해 제가 말씀드리고 싶었던 것은 민주적인 학교자치를 이끄는 지름길은 다양한 방법이 아니라 진정성과 신뢰라는 점입니다. 아무쪼록 저의 작은 이야기가 같은 길을 열어가고자 하는 선생님들에게 작은 디딤돌이 되기를 바랍니다.

권재우

교사와 학생, 행복한 학교로 가는 길

학급 규칙은 왜 필요할까?

처벌과 규제가 아닌 존중과 배려의 규칙은 어떻게 만드는 것일까?

우리는 주어진 음식을 먹는 것보다, 한 끼라도 내가 원하는 것을

만들어 먹을 때 훨씬 맛있다고 느낍니다.

학교에서 교사와 아이들 또한 마찬가지입니다.

스스로 선택하고 결정하는 학교에서 꼭 필요한 과정이며, 가장 행복한 일입니다.

자유로운 의사소통은 가장 인간다운 행동이기 때문입니다.

학교자치를 살리기 위해 애써야 할 것은
교사의 실천이라고 생각합니다.
평범한 일상 속에서 서로를 위해
조금씩 한 걸음 나아가는 보통 교사들의 삶이,
학교자치를 열어가는 바탕이 될 것이라
믿고 있습니다.

아이들이 스스로 만들고 꾸려가는 시간 '학생퍼실리테이션'

지금 있는 학교에서는 매주 금요일 5교시에 학년군 다모임이 열립니다. 모임은 보통 '안건 선정-경험 나누기-해결방법 토의 및 토론-의사결정' 이렇게 진행됩니다.

안건은 학생들이 스스로 정합니다. 돌아가면서 속상하고 억울한 일, 불편한 일, 제안하고 싶은 일을 나눕니다. 서기를 두어 기록도 하지요. 이야기를 나눈 후 우리가 함께 애쓰고 해결해야 할 안건을 정합니다. 3~4월에는 동생들이 선배들에게 까부는 일, 학교 화장실 문제가 안건이었습니다.

안건이 정해지면 왜 그것이 문제인지 좀 더 자세히 이야기를 나눕니다. 동생들이 까부는 문제를 이야기 할 때는 6학년 학생들의 의견이 쏟아졌습니다. 그러나 5학년 동생들도 억울한 일이 많았습니다. 자신들도 잘못한 것이 있지만 6학년이 놀리는 문제도 만만치 않다고 합니다.

문제 상황이 충분하게 공감이 되면, 해결방법을 찾습니다. 어떻게 하면 좋을지 학생들이 방법을 제시하는 것이지요. 동생들이 까부는 문제의 해결방법으로는 '학교폭력 담당 선생님에게 찾아가서 이야기한다, 교장, 교감 선생님의 도움을 받는다, 담임선생님의 도움을 받는다.' 등이 나왔습니다. 해결방법의 장단점도 따져봅니다. '학교폭력 담당 선생님은 너무 착해서 안 된다. 교장, 교감 선생님은 바쁜데 이런 일까지 할 순 없다.' 등 마냥 어리다고 생각했는데 나름 판단 기준을 갖고 상황을 분석하는 모습이 기특합니다. 최종 해결방법으로는 '담임선생님의 도움을 받는다'로 결정되었습니다.

동생들이 까부는 문제를 해결하는데 2주가 넘게 걸렸습니다. 그냥 선생님이 정해주면 빠르게 해결될 일인데, 학생과 교사 모두 불편한 길을 걷는 이유가 무엇일까요? 바로 이 과정 자체가 학생 자치이기 때문입니다. 전체가 모였을 때 어떻게 발표해야 하고 들어야 하는지, 의사결정은 어떻게 하는지 하나씩 몸으로 겪고 느끼는 것이지요. 학생들의 행동은 빠르게 변화합니다. 하나씩 자신들의 의견이 반영되는 모습을 보면서 점점 더 적극적으로 바뀝니다.

성공회대 고병헌 교수는 '교육은 뒤에서 일어난다'라고 말합니다. 교육은 교사의 본보기에서 일어난다는 말입니다. 학교자치를 살리기 위해 애써야 할 것은 교사의 실천이라고 생각합니다. 실천이라고 하니 아주 큰 이야기처럼 들립니다. 하지만 제가 생각하는 실천은 큰 행사를 벌리는 것이 아닙니다. 내가 할 수 있는 작은 일부터 시작하는 것입니다. '매주 학급회의 열기, 학생들이 원하는 학급 행사 열어보기, 교사 회의 때 좀 더 잘 들으려 애쓰기, 한 학기에 한 번 정도 회의록 정리하기' 등 생각해보면 지금 당장이라도 할 수 있는 일들이 참 많습니다.

저는 학교자치를 위해 학급과 학교에서 교사들이 할 수 있는 일은 요란한 것이 아니라 생각합니다. 평범한 일상 속에서 서로를 위해 조금씩 한 걸음 나아가는 보통 교사들의 삶이, 학교자치를 열어가는 바탕이 될 것이라 믿고 있습니다.

학생자치의 시작, 학급 규칙 만들기

학교는 사회의 축소판입니다. 존중과 배려의 모습도 있지만 다툼과 갈등이 함께 하기 때문입니다. 학급은 그 모든 것이 일어나는 시공간입니다. 아이들은 존중과 배려를 통해 배우기도 하지만 다툼과 갈등을 조정하고 해결하는 과정을 통해 '민주주의'를 경험해야 합니다. 학급 규칙 만들기 워크숍의 목적은 학생들 사이에 일어나는 다양한 문제를 스스로의 힘으로 해결하는데 있습니다. 그렇기에 학급 규칙은 학생들의 생각이 잘 반영되어야 합니다. 자율성이 없는 규칙은 지속적으로 지켜지기 어려우며, 교사를 경찰로 만들기도 합니다. 스스로 규칙을 만들어, 책임감 있게 실천하는 것이 학급 규칙 만들기 워크숍의 가장 큰 목표라고 할 수 있습니다.

'학급 규칙 만들기' 워크숍

규칙 만들기 워크숍을 준비할 때 가장 중요한 것은 규칙을 최소화하는 것입니다. 제가 초임 교사 시절에는 한참 학급 안에 입법부, 행정부, 법무부처럼 작은 국가를 만드는 것이 유행이었습니다. 처음에는 학급을 작은 사회로 보고 권한을 나누고 함께 만들어 간다는 것이 매력적인 활동이라고 생각했습니다. 절차도 민주적이고 결과도 공정할 것이라 믿었기 때문입니다.

그러나 신기루가 깨지는 것은 며칠이 걸리지 않았습니다. 문제가 일어날 때 마다 우리 반에서는 각종 법이 만들어졌고, 범법자가 넘쳐나기 시작했습니다. 가혹한 정치는 호랑이보다 무섭다는데 우리 반이 딱 그 모양이었습니다. 저는 민주공화정을 바랬지만 결국 경찰국가로 끝을 맺었습니다.

> **◀ 워크숍을 진행하기 전에 생각해 볼 것 ▶**
>
> ① 생활 규칙이 필요한 이유를 고민해본다. 감독과 감시가 목적은 아니다.
> ② 학생들 스스로가 정하는 것을 원칙으로 한다.
> ③ 실수를 통해 함께 성찰하고 성장 할 수 있는 기회를 마련한다.

그렇다면 학급 규칙은 왜 필요할까요? 혹시라도 감시와 감독, 교사의 편의주의가 아닌지 되돌아볼 필요가 있습니다. 이유와 목적을 분명히 할 때 훌륭한 도구가 될 수 있지만 반대인 경우에는 무서운 회초리가 되어 내게 다시 돌아오는 경우가 종종 있기 때문입니다.

규칙 정하기의 제일 원칙은 '학생 스스로 정한다' 입니다. 가끔 교사의 요구와 학생들의 이해가 다른 경우, 학생들이 만든 학급 규칙의 내용이 마음에 들지 않을 때도 있습니다. 이런 경우에도 학생의 뜻을 살려야 합니다. 결국 학급 규칙을 지켜야 하는 주체는 학생 자신이기 때문입니다. 물론 학급 구성원으로서 교사가 의견을 제시하는 것은 당연하며, 꼭 그렇게 해야 합니다. 다만 하나의 의견이 아닌 경우를 조심하자는 것입니다. 선생님은 기다림과 믿음이 필요합니다.

규칙의 최종 목적은 처벌이 아닌 성찰을 통해 함께 성장하는 것입니다. 친구의 실수를 보고 함께 성찰하는 기회를 마련하는 것은 매우 중요합니다. 그리고 그 방법으로는 학급회의가 좋습니다. 문제가 충분히 해결 된 후 학급 회의를 통해 무엇을 배웠는지 나눔의 시간을 가져보고, 가해자와 피해자의 구분이 아닌 성장하는 과정으로 서로를 격려하는 과정이 필요합니다.

'학급 규칙 만들기 워크숍' 절차

1. 마음 열기: 학교 인생 곡선

① 가로로 수평선 긋기
② 지금까지 학교 생활을 돌아보며 즐거웠던 일은
   위에, 힘들었던 일은 아래에 점을 찍기
③ 이야기 나누기

2. 생각 꺼내기: 나를 힘들게 했던 일은?

① 학교를 다니면서 나를 힘들게 했던 일은?
② 이름을 직접 말하지 않고, 했던 행동을 적기
   (예: 철수가 때렸다가 아닌, 친구가 때렸다)
③ 이야기 나누기

3. 생각 모으기: 우리 반이 뽑은 나를 힘들게 하는 것 이야기 해보기

① 모둠 친구들과 이야기 나누고 분류하기

4. 평가 및 결정: 안전하고 행복한 반을 만들기
위한 3無 3行 우리 반 약속 정하기

① 전체 친구들과 이야기 나누고 분류하기
② 분류한 내용을 보고 해야 할 것 세 가지 결정하기
③ 분류한 내용을 보고 하지 말아야 할 것 세 가지
결정하기

---

5. 이렇게 말하고 이렇게 행동해요

① 역할극 해보기
② 어떻게 말하고 행동해야 할지 브레인
스토밍 하기

---

6. 마무리: 학급 규칙 게시판 만들기

학급 규칙 만들기 워크숍

1. 마음 열기: 학교 인생 곡선

학교 인생 곡선은 지금까지의 생활을 되돌아보며 중요했던 사건을 점으로 찍어 표시하는 것으로 시작합니다. 위쪽은 기쁨과 보람을 아래쪽은 슬픔과 괴로운 일들을 나타냅니다. 한 쪽으로만 몰리는 경우가 많은데 위로 세 개, 아래로 세 개 정도 나누어 적어보게 하는 것도 좋습니다. 학급 규칙 만들기 워크숍은 서로를 의지하고 믿을 수 있을 때 효과가 큰 활동입니다. 중간 중간 서로를 칭찬하고, 활동의 마무리는 격려 박수로 하는 것이 좋습니다.

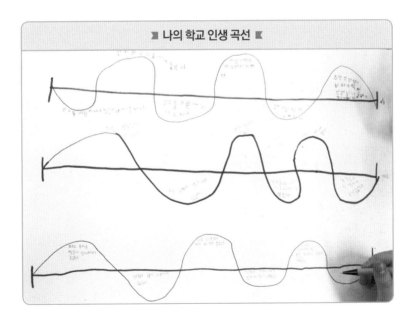

2. 생각 꺼내기: 나를 힘들게 했던 일은?

이야기를 꺼낸다는 것은 아이들도 쉽지 않습니다. 무엇보다 나를 힘들게 했던 일을 꺼내는 것은 아이들로서 더 어려운 일입니다. "학교를 다니면 행복한 일도 많지만, 힘들었던 일도 많습니다. 여러분은 주로 어떨 때 힘들었나요?"라고 질문하고 한 가지 약속을 미리 해둡니다.

"약속 하나해요. 나를 힘들게 했던 일을 적을 때는 친구의 이름을 말하지 않기로 해요. 철수가 때렸다가 아니라 친구가 때렸다라고 적어주세요. 그리고 또 한 가지 중요한 것은 친구가 이야기 할 때는 비판을 하거나 말꼬리를 잡지 않습니다."

너도 그랬잖아 식의 논점 흐리기를 막기 위함입니다. 이야기를 마친 후에는 용기 있게 말해준 내 자신을 위해 격려의 박수를 보내줍니다.

3. 생각 모으기: 우리 반이 뽑은 나를 힘들게 하는 것

우리 반이 뽑은 '나를 힘들게 하는 것'을 나누고 비슷한 내용으로 묶습니다. 묶은 내용을 하나의 카테고리로 만든다면 어떤 이름(제목)이 적당할지 함께 정해보도록 합니다.

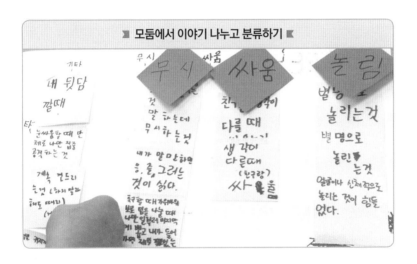

4. 평가 및 결정: 안전하고 행복한 반을 만들기 위한 3무(無) 3행(行)의 우리 반 약속 만들기

전체 친구들이 모여 비슷한 내용으로 이야기를 묶습니다. 우선 하지 말아야 할 것을 세 가지 정합니다. 학생들 역시 금방 분류할 것입니다. 다음으로 해야 할 것을 세 가지 정합니다. 해야 할 것은 좀 더 우리 반에서 지향해야 할 것이고, 하지 말아야 할 것은 피하고 서로 조심해야 하는 것임을 알려줍니다.

▌ 안전하고 행복한 반을 만들기 위한 우리 약속 ▌

3無(해서는 안 될 것들)

① 무시하지 않는다.

② 놀리지 않는다

③ 몸싸움을 하지 않는다.

3行(해야 할 것들)

① 함께 논다

② 정직하게 한다

③ 부드럽게 말한다.

5. 이렇게 말하고, 이렇게 행동해요

이 활동의 목적은 3무(無) 3행(行)의 약속을 지키기 위해 어떻게 말하고 행동하면 좋을지 정하는 것입니다. 먼저 역할극을 통해 우리 반이 힘들어 하는 상황을 시범해 보입니다. 이 때, 교사가 악역을 맡아서 시연을 하는 것이 좋습니다.

배우 역할을 맡은 학생과 관객들의 이야기를 듣고 어떻게 말하고 행동하면 좋을지를 생각해 봅니다. 끝으로 연기를 한 학생에게는 비록 연기이지만 '사과'를 하는 것이 좋습니다. 선생님이 한 행동에 대해서 사과한다면 사소한 부분일지라도 아이들이 오해하는 일이 없을 것입니다.

◀▌ 이렇게 말하고, 이렇게 행동해요 ▐▶

대표 역할극

짝과 역할극

어떻게 말하면 좋을지 적기

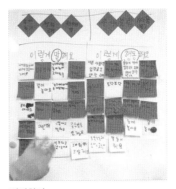

정리하기

6. 마무리: 학급 규칙 게시판 만들기

마지막으로 만든 규칙을 교실에 게시합니다. 교실에 게시하고 함께 보는 이유는 우리가 해야 할 것, 하지 말아야 할 것, 어떻게 말하고 행동해야 하는지 꾸준히 공유하기 위함입니다.

교육은 교실에서만 이루어지는 것이 아닙니다. 규칙이 잘 지켜지기 위해서는 부모님들의 도움이 필요할 때도 많습니다. 학생들과 만든 학급 규칙(3무 3행)을 부모님께 안내장으로 보내어 학부모님들의 의견을 들어보는 것도 좋습니다. 학생들 입장에서는 우리 부모님도 함께 한다는 마음이 책임감을 더 크게 느끼게 해줄 것입니다.

수동적인 학급 문화에서
벗어나고 싶다면, 학생퍼실리테이션

관찰에서 참여로 이끄는 퍼실리테이션의 시작, '삶'

수동적인 학급 문화에서 벗어나는 지름길은 무엇일까요? 질문이 참 어렵습니다. 질문을 다시 해보겠습니다. 선생님은 언제 적극적으로 참여를 하고 싶으신가요?

몇 해 전 이 질문으로 지역 선생님들과 이야기를 나눠본 적이 있습니다. 선생님들은 내 삶과 관련이 있을 때, 나에게 정말 필요하거나 꼭 해결하고 싶은 일일때 적극적으로 변한다고 대답하셨습니다. 우리 아이들도 마찬가지입니다. 수업과 학급의 일에 수동적인 이유는 자신들의 '삶'과 연결되지 않았기 때문입니다. 나와 우리의 문제라고 생각하면 그 누구보다 앞장서서 해결하려 할 것입니다.

우리가 마을을 바꿔요.
참여로 이끄는 학생퍼실리테이션

📖

5학년 사회 2단원에서는 인간과 환경의 관계를 배웁니다. 국토 개발의 필요성과 친환경적 태도, 지속 가능한 발전 사례가 무엇이 있는지 공부합니다. 교과서대로 사회 공부를 하다보면 답답할 때가 많습니다. 우선 교과서가 '도시' 중심입니다. 교과서에 나오는 사진과 삽화, 그림 대부분이 아파트 전경입니다. 인간과 환경이 조화를 이루고 있는 것도 '도시' 입장에서 생각합니다.

교과서 내용이 아이들 삶과 멀리 떨어져있습니다. 터널, 도로, 간척지, 댐, 공항, 다리, 습지 개발 등을 예로 들어 국토 개발의 필요성을 강조합니다. 이렇게 아이들 둘레와 멀리 떨어진 이야기만 있기에 '사회=암기과목'이라 생각합니다. 배움은 스스로 배우고자 하는 마음이 있을 때 생깁니다. 어떻게 하면 인간과 환경의 관계를 의미 있게 배울 수 있을까요?

다 같이 돌자! 동네 한 바퀴

사람은 환경의 영향을 받습니다. 그 환경에는 자연환경도 있고, 사람이 만든 환경도 있습니다. 제가 생각하는 인간과 환경의 조화는, 자기가 살고 있는 둘레를 가꾸고 좀 더 살기 좋게 만드는 것입니다.

몇 해 전부터 우리 학교*에는 큰 고민이 생겼습니다. 학생 수가 급격하게 줄어든다는 것입니다. 학생들은 친구들이 한 명, 두 명씩 전학가는 모습을 보며 마음 아팠던 경험을 모두 가지고 있습니다.

우리 5학년도 1학년 때는 10명이 넘었습니다. 학부모님께 전학을 하는 이유를 여쭈어 보면 가장 큰 이유를 '교육 환경'이라 이야기 하십니다. 학교를 제외하고 아이들이 쉬고, 놀고, 공부할 수 있는 공간이 없다고 걱정하시는 학부모님이 많습니다. 그렇다면 어떻게 우리 모두 함께 졸업할 수 있을까요?

"다음 사회 시간에 4학년이랑 함께 수업합니다."

"왜요?"

"마을 한 바퀴 돌기로 했거든요."

"공부는 안 하는 거 맞죠?"

"응, 반은 맞고 반은 틀려요. 우선 그날은 하루 종일 마을을 돌아다닐 겁니다."

"한 시간이면 되는데요?"

"그냥 돌아다니는 것이 아니라 우리 마을을 조사할 거예요."

"어떻게 조사해요?"

＊ 여기서 우리학교는 2018년에 근무한 학교를 말합니다.

① 인터넷을 통해 우리 마을 지도 준비하기
② 지도를 B4사이즈로 인쇄 및 모둠 구성하기
③ 학교를 중심으로 건물 조사하기

아이들은 4학년 동생들과 함께 조사를 한다니 들뜹니다. 먼저 인터넷 검색 사이트를 통해 마을 지도를 다운 받습니다. B4로 인쇄를 한 후 학생들에게 나눠줍니다. 우리 마을의 산과 강, 도로의 생김새를 살펴봅니다. 매일 다니는 마을이지만 지도로 보니 어색합니다.

마을을 둘러 본 후 모둠을 만들고 기록할 사람을 중심으로 역할을 나눕니다. 또 본격적으로 마을 조사하기에 앞서 도로를 어떻게 건너야 할지, 조심해야 할 것은 무엇이 있는지 안전교육도 진행합니다. 길을 건널 때는 모둠에서 함께 건너고, 화장실 다녀올 때는 모둠 친구에게도 꼭 이야기 하자고 약속합니다. 늘 다니던 동네지만 이렇게 함께

나와서 조사하니 새로운 것이 많습니다. 아이들도 진지합니다. 혹시 빠지는 것이 있을까 하나씩 자세히 살핍니다.

○○면 교육환경 지도 만들기

"마을에 있는 건물을 조사한 것을 이렇게 정리해요. 학생들이 주로 사용하는 공간은 파란색 테두리로 그리고, 이름을 쓰면 돼요. 우리가 자주 쓰는 건물이 무엇이 있을까요?"

"도서관요"

"어른들은 공간은 빨간색으로 테두리를 그려요. 커피숍 같은 곳이 대표적이네요."

"선생님, 어른들과 같이 쓰는 곳은 어떻게 해요?"

"같이 쓰는 곳에는 어떤 것이 있을까요?"

"병원이나 면사무소요."

"그런 곳은 검정색으로 해요."

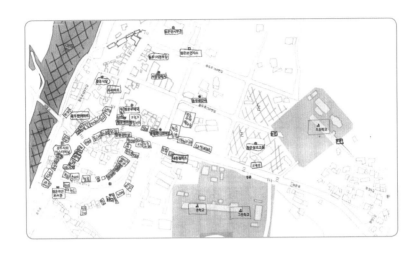

마을 조사를 마치고 모둠별로 조사한 것을 정리합니다. 낡은 종이는 새 지도로 옮겨 적고, 색칠을 다시 합니다. 귀찮을 것 같은데도 아이들은 열심히 합니다.

드디어 ○○면 교육환경 지도를 완성했습니다. 그런데 생각보다 심각합니다. 우리 아이들이 생각하는 학생을 위한 공간은 '도서관, 태권도장, ○○초중고' 밖에 없습니다. 태권도장은 학원이니 학생들을 위한 공간은 학교밖에 없는 셈이지요.

우리는 ○○○을 원합니다

"학생들이 있을 곳이 거의 없네요. 주로 여러분은 어디에서 있나요?"

"학교 끝나면 태권도에 가거나 도서관에 가요."

"도서관에서 주로 무엇을 하나요?"

"핸드폰 게임도 하고, 그냥 갈 곳 없으니 앉아 있다 집에 가요."

"주말에는 주로 어디에 있어요?"

"집에서 주로 있고, 주로 홍천이나 용문, 양평에 가서 놀아요."

말로 교육환경이 부족하다 할 땐 몰랐는데 이렇게 직접 조사하니 심각합니다. 학교, 도서관, 태권도장을 제외하고 우리 아이들이 마음 둘 공간이 없다고 하니 화도 나고 미안하기도 합니다.

"만약에 학교 주변에 우리를 위한 공간이 생긴다면 어떤 것이 있으면 좋을까?"

"PC방요."

"그런데 우리가 원하는 것을 PC방이라만 하면 어떻게 생각할까요?"

"놀기만 한다고 할 것 같아요."

"그럼 어떻게 하면 좋을까요?"

"학생들에게 필요한 것을 생각해봐요."

▌ 우리 원하는 것 ▌

① 우리 마을에 있었으면 하는 것들 생각 꺼내기
② 비슷한 내용으로 분류하고 항목 정하기(예: 놀이, 쉼, 공부 등)
③ 항목별로 비슷한 내용 다시 분류하기

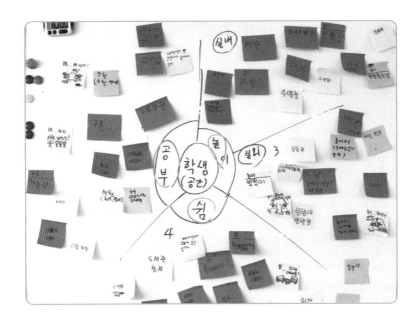

아이들과 토론한 결과, 아이들이 원하는 공간은 나를 위한 공간이 아니라 우리에게 필요한 공간이었습니다. 그렇다면 그 공간에는 무엇이 있을까요. 학생들이 원하는 공간은 놀이(실내, 실외), 쉼터, 공부를 할 수 있는 곳이었습니다. 나를 위한 공간인 PC방에서 우리 모두를 위한 공간으로 관점이 넓어지고 커진 것이지요.

놀이 공간에서 우리 아이들이 가장 많이 원한 것은 방방이와 뱅배이었습니다. 방방이는 트램블린을 뱅뱅이는 원 모양으로 빙글빙글 돌아가는 놀이기구입니다. 도시 아파트에서는 흔히 볼 수 있는 놀이시설이 우리 아이들에겐 간절히 원하고 바라는 것이었습니다.

쉴 수 있는 공간으로 도서관이 나왔습니다. 지금도 '작은 도서관'이라고 하는 공간이 있는데 왜 그것이 필요한지 궁금했습니다. 아이들의 이야기를 들어 보니 이해가 되었습니다. 지금 있는 도서관은 건물의 한 층을 임대해서 운영중인 곳인데, 시설이 열악했습니다. 우리 아이들이 원하는 도서관은 도시에 있는 도서관처럼 편안하게 책도 읽고, 쉴 수 있는 곳이었습니다.

공부를 위한 공간으로 학원이 많이 나와서 걱정했습니다. '혹시라도 내가 못 가르쳐서 그런가?' 이런 걱정을 했지요. 시골은 5월이 되면 바쁩니다. 논농사와 밭농사로 부모님들이 새벽 일찍 집을 나가셨다 저녁 늦게 오는 경우가 많습니다. 아이들은 이럴 때 부모님과 가족을 대신해서 자신들을 보살펴줄 사람과 공간을 바랬던 것입니다.

선생님 근데 이게 가능해요?

"지난 시간에 우리가 마을에 있었으면 하는 것에 대해서 이야기 했어요.

어떤 게 많이 나왔죠?"

"PC방, 공부방, 학원, 놀이터요."

아이들은 한참동안 원하는 것을 말합니다.

"선생님, 근데 이게 가능해요?"

2주 동안 마을조사도 하고, 학생들이 원하고 필요한 환경을 찾았습니다. 아이들은 조사만 실컷 하고 끝나버리는 게 아닌가 걱정합니다.

"선생님도 방법을 모르겠어요. 어떻게 하면 좋을까요?"

"교장 선생님께 말씀드려요."

"교육청에 건의해요."

"이런 일은 주로 군수님과 군의회라는 곳에서 해요."

"선생님 그럼 이 분들께 편지를 써요."

내 둘레를 좀 더 살기 좋게 변화시키기 위해 참여하는 것을 '민주주의'라 생각합니다. 누군가에 의해 끌려가는 것이 아니라 스스로 문제를 해결해보는 것이지요. 국어의 〈제안하는 글쓰기〉 시간에 양평 군수님께 민원 편지를 써 보았습니다. 편지 내용을 군 홈페이지에도 올렸습니다.

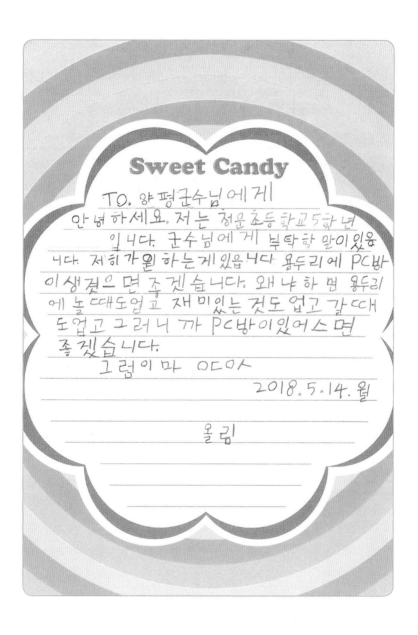

Sweet Candy

TO. 양평군수님에게

안녕하세요. 저는 정문초등학교 5학년 입니다. 군수님에게 부탁할 말이있읍니다. 저희가 원하는게 있읍니다 용두리에 PC방이 생겼으면 좋겠습니다. 왜냐하면 용두리에 놀때도 업고 재미있는 것도 업고 갈때도 업고 그러니까 PC방이있어스면 좋겟습니다.

그럼이만 ㅇㄷㅇㅅ

2018. 5. 14. 월

올림

제목 : 놀이터를 지어주세요.

청운면 에는 놀수
있는 시설이 너무 부족합니다. 그래서
놀이터를 지어주세요. 왜냐하면
저희 마을 (홍두리) 에는 학교이런 데
빼고는 놀수 있는 공간이 없기 때문이
에요. 그래서 저희 마을에 놀이터
를 지어주시면 감사 하겠습니다.
그럼 이만

2018. 5. 14. 월

올림

제목: 방방장을 지어주세요.
지금 청운면은 애들이 놀곳이 너무없어
불편합니다
그래서 청운면에 방방장을 지어주
으면 좋겠습니다. 왜냐하면 누구랑 박
에서 놀때도 할게없고 그러면 핸
드폰만하게됩니다. 제발 지어주세
요. 만약에 지어주면 애들이 게
임은 별로안하고 방방장에서
놀 기대운임니다
만약에 지어주면 감사하겠습니다.
그럼 2000o
　　　　　　2016. 5. 14.　　　　올림

#	제목	작성자
-	군수님 안녕하세요	2018.05.24 목요일
-	쉴수있는공간을만들어주세요.	2018.05.24 목요일
-	학원을 만들어주세요	2018.05.24 목요일
-	공부할시설을만들어주세요	2018.05.24 목요일
-	PC방을지어주세요	2018.05.24 목요일
-	방방장을 지어주세요.	2018.05.24 목요일

선생님 괜찮아요!

결과는 어땠을까요? 해피엔딩으로 끝났으면 좋았겠지만, 시골의 작은 학교 10명 남짓한 학생들의 의견을 들어주는 곳은 없었습니다. 언제 연락이 오냐고 묻는 학생들의 질문에 어떻게 대답을 해야 할지 난감하고 미안했습니다. 지방자치단체 선거가 끝나 군수와 군의회가 바뀌는 과정이었다는 영향도 있었습니다. 괜한 수업을 했나 싶었습니다.

"우리가 한 것이 잘 안 되어서 속상하죠?"
"선생님 괜찮아요."

이뤄진 것이 하나도 없는데 괜찮다고 하니 혹시라도 속상해할 선생님을 위해 일부러 그러는 것은 아닌가 미안한 생각이 들었습니다.

"아무것도 이루어진 것이 없는데 속상하지 않나요."

"예전에는 나만 생각했는데, 이번에는 나뿐만이 아니라 동생들이랑 학
교를 위해 노력해봤잖아요."

교사인 우리는 결과를 생각합니다. 좋은 의도로 한 수업이니, 좋은
결과가 나올 것이라 믿는 것이지요. 하지만 아이들은 어른인! 저보다
더 어른답습니다. 그동안 학교에 있으면서 나만 생각했는데, 이 수업을
통해 동생들과 학교를 위해 고민하고 노력해봤다고 말합니다. 그걸로
충분하다고. 아이들이 선생을 위로합니다. 참 고마운 일입니다.

이번 프로젝트 수업에서 사용한 퍼실리테이션 방법은 생각 꺼내기
(우리 마을에 필요한 것)와 생각 모으기(분류) 밖에 없습니다. 그렇지만
아이들은 그 어느 때 보다 열정적이었습니다. 자신들의 '삶'과 연결되
었기 때문입니다.

수동적인 학급 문화를 참여하는 문화로 이끄는 첫 시작은, 학생들
의 입장과 삶에서 시작하는 것입니다. 학생들은 나의 문제라 생각되
면 그 누구보다 적극적으로 참여합니다. 우리의 문제라 공감하는 것
이지요. 학급에서 퍼실리테이션을 사용함에 있어 가장 먼저 생각해야
할 일입니다.

교실에서 퍼실리테이션 활용하기

선생님, 졸업여행 가면 안 돼요?

학교를 옮기고 가정 방문을 했습니다. 모든 학생의 집을 찾아본다는 게 쉽지는 않지만 즐거운 마음으로 임했습니다. 그런데 가정 방문을 하면서 듣는 이야기가 있었습니다. '올해 수학여행은 가시나요?'입니다. 3월 첫 날 우리 반 아이들에게도 들었던 말입니다.

옆 반의 상황은 어떤지 궁금했습니다. 옆 반도 수학여행에 대한 요구가 크다고 합니다. 매년 5-6학년이 수학여행을 함께 다녀왔는데 작년에는 못 갔다고 합니다. 이유를 물어봤습니다. 미세먼지에 대한 학부모님들의 민원이 컸다고 합니다. 그래서 야외활동이 위축되었고 결국 5-6학년 수학여행도 취소된 것입니다.

가정 방문을 마치고 고민이 많았습니다. 끊임없는 민원 탓에 올해 교육과정에는 수학여행이 없습니다. 복잡한 사정으로 없어진 수학여행을 혼자 다시 해보려고 하니 부담이 컸습니다. 경험상 이럴 때 가장 좋은 방법은 '질문'입니다.

강당에 6학년 학생들이 모두 모여 수학여행에 대해 1차 다모임(회의)을 했습니다. 예상대로 학생들은 수학여행을 간절히 원했습니다. 학생들의 기대를 못 본체 할 수 없었습니다. 한 번 진행해보기로 마음을 먹었습니다.

아이들에게 교사로서 어려움도 말했습니다. 5, 6학년이 함께 가는 것은 어렵고 6학년만 가야할 것 같은데 그렇다면 수학여행이 아닌 졸업여행이 되어야 할 것 같다고 말입니다. 그리고 우리가 원한다고 해서 반드시 꼭 진행되는 것은 아니고, 부모님과 학교에서도 동의를 해야 한다고 당부도 해두었습니다. 뜻대로 되지 않았을 때 실망하고 상처를 받을까봐 걱정이 되었기 때문입니다.

학생 스스로 계획하는 졸업여행

교육활동에서 가장 중요한 것은 학생들의 의견이라 생각합니다. 졸업여행을 갈 것인지 말 것인지, 간다면 어디로 가고 싶은지, 그 곳에서 무엇을 체험할지 학생 스스로 선택하고 결정할 때, 민원 학부모와 학교를 설득하는데 힘을 받을 것이라 생각했습니다.

만약 가게 된다면 어디로 가고 싶은지 이야기 해보았습니다. 제주도, 강원도, 경상도(부산), 서해안 섬, 속초, 공주, 강화도, 경주, 전라도(전주), 서울, 독도 · 울릉도, 인천이 나왔습니다. 너무 많아서 몇 군데로 선택하기로 합니다. 다중투표를 통해 가고 싶은 곳을 정했습니다.

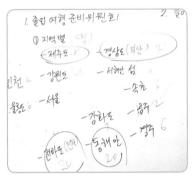 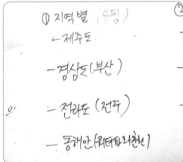

 다중 투표 방법

다중 투표는 하나의 안건만 투표하는 것이 아니라 여러 개의 안건에 투표를 하는 방법입니다.

진행방법

① 주제를 확인합니다.

② 마음에 드는 안건에 손을 들어 투표합니다.

③ 정해진 횟수만큼 손(투표)을 들 수 있습니다. 가령 '5번 손을 들 수 있습니다. 3번 투표를 합니다.' 와 같이 횟수를 제한합니다.

다중 투표 결과 제주도, 경상도(부산), 전라도(전주), 강원도(동해안) 이렇게 4곳으로 선정되었습니다. 선정된 4곳 중 6학년 학생들이 가장 원하는 곳을 졸업여행지로 결정하기로 합니다. 현명한 결정을 내리기 위해서는 지역별 졸업여행 장소에 대한 사전 조사가 필요했습니다.

'졸업여행 준비 위원회'를 만들어 선정된 지역을 조사하기로 합니

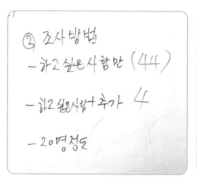

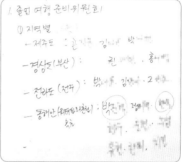

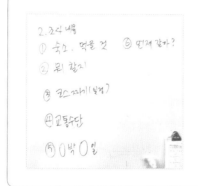

준비 위원회에서 해야할 일
① 숙소와 식사
② 프로그램
③ 교통수단
④ 여행 일정
⑤ 여행 경비 조사

다. 준비 위원회를 누가 할지부터 쟁점입니다. '❶ 하고 싶은 사람만 하자 ❷ 하고 싶은 사람과 잘 할 수 있는 사람이 함께 하자.' 라는 의견이 나왔습니다. 의견이 2개라 바로 결선 투표를 했고, '하고 싶은 사람만 하기'로 결정되었습니다. 준비 위원회를 하고 싶은 친구들이 너무 많을 수 있기에, 총 인원은 20명 내외로 제한하기로 합니다.

졸업여행 준비 위원회 발표

숙박형 체험학습을 할 때 학생들은 부분적으로만 참여할 수 있었습니다. 보통 체험학습 참가 여부와 선호하는 희망지역 설문 정도입니다. 하지만 이번 졸업여행은 처음부터 마무리까지 온전히 학생들에게 맡겼습니다. 선택권이 주어지니 자발성은 당연히 높아집니다. 아이들은 숙박시설에 직접 전화를 걸어 가격과 시설 사용이 가능한지 확인했습니다. 주말에는 함께 PPT를 만들고 몇 번이나 발표 준비를 했다고 합니다.

2차 다모임 날, 준비 위원회의 발표를 듣고 질의응답을 했습니다. 숙박시설은 어딘지, 프로그램은 무엇이 있는지, 어떻게 갈 것인지 묻고 답했지요. 발표를 통해 6학년 학생들이 꼭 하고 싶어 하는 프로그램을 알게 되었습니다. 바로 '물놀이'입니다. 4개의 준비 위원회 모두 물놀이 프로그램을 계획한 것입니다. 6학년 학생들은 졸업 여행 때 물놀이를 꼭 하고 싶어 했습니다.

교사들도 의견을 보탰습니다. 짧은 시간에 너무 많은 프로그램을

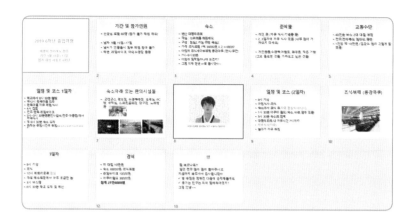

제시한 경우에는 프로그램의 수를 줄어야 한다고 안내했습니다. 여행 경비가 너무 낮게 책정된 경우에는 선생님들이 실제 가격을 확인해보기로 했습니다.

졸업 준비위원회의 발표를 바탕으로 교사협의회를 진행했습니다.

2019년 5월 3일

2019 졸업여행 학부모운영동의 및 희망장소 조사 안내

따뜻한 만남
행복한 배움
세종교육

학부모님 안녕하십니까?

청명한 여름하늘이 시작되었습니다. 가정에 좋은 일만 가득하시길 기원합니다. 2019년 4월에 6학년 학생들과 함께 졸업여행과 관련한 다모임을 3회 진행하였습니다. 이번 졸업여행 프로젝트 수업을 진행하면서 바탕에 둔 것이 있습니다.

학생 스스로 선택하고 결정하는 것입니다. 어디로 갈지, 무엇을 먹고 할지, 어떤 것을 타고 갈지, 졸업여행 전반에 대해 학생 스스로 계획함을 기본으로 삼았습니다. 학생들이 기획한 내용이라 부족한 부분이(①학생들이 파악하는 예산과 실제 소요되는 예산의 차이, ②일정의 촉박함 등)있습니다. 예산이 추가 될 수 있음을 감안해주시기 부탁드립니다.

학생들이 가고 싶어 하는 곳은 크게 전라도(전주), 경상도(부산), 강원권(춘천) 제주도 이렇게 4곳입니다. 이 4곳의 여행 일정에 대해 '졸업여행 준비 위원회'에서 사전 조사를 했고 6학년 다모임을 통해 발표를 들었습니다. 모두 다 좋은 계획이었습니다. 열심히 준비한 졸업여행 준비 위원회 학생들에게 고맙다는 말을 전합니다. 마지막으로 부모님들과 학생들의 졸업 여행에 대한 수요조사를 진행하고자 합니다.

학부모님들의 의견을 아래 조사서에 적어 5월 9일(목)까지 보내 주십시오. 의견을 반영하여 진행하도록 하겠습니다.

1. 졸업여행 운영 여부에 대한 동의(○표 하세요)

동의	미동의

※ 5월 9일(목)까지 제출된 안내장 대비,
 → 동의율 80% 이상일 경우 : 졸업여행 운영
 → 동의율 80% 미만일 경우 : 졸업여행 미운영

2. 졸업여행 운영시, 희망장소 조사
 가. 대 상 : 본교 6학년 학생
 나. 시 기 : 교육과정 회의 후 최종 공지 (2박 3일) 예정. 다만 4팀 모두 물놀이를 원하는 관계로 여름으로 진행하는 것이 좋을 것이라 판단하고 있음

	장소	학생들이 기획한 프로그램	예상 이동 시간(편도)	예상경비 (추가 가능)	희망여부
1	전주권	전주 한옥마을, 레일바이크, 아쿠아월드, 격포해수욕장 등	4~5시간	27만원	
2	부산권	영도대교, 태종대, 해운대 해수욕장, 송도케이블카 등	5~6시간	30만원	
3	제주권	유리의 성, 감귤박물관, 레프츠랜드, 녹차미로공원, 에코랜드 테마카프, 수목원 등	6~7시간	50만원	
4	춘천권	카누체험, 소양강 스카이워크, 김유정 문학촌, 막국수 박물관, 춘천물레길, 청평사, 구곡폭포, 애니메이션 박물관	1~2시간	20만원	

※ 제출된 안내장 중, 가장 많이 희망한 곳으로 결정합니다.
※ 최종 확정된 졸업여행지를 중심으로 프로그램과 예산 등을, 6학년 학생들과 교사들이 협의하여 최종 안내를 다시드릴 예정입니다.

2019. 5. 03.
○○초등학교장

여행 경비를 확인하고 프로그램을 조정한 후에 안내장을 보냈습니다. 95%의 부모님이 졸업 여행 진행을 동의 했고, 졸업여행 장소로는 '춘천권'이 선정되었습니다.

춘천권으로 선정된 후 미리 사전답사를 했습니다. 학생들이 계획한 프로그램을 직접 몸으로 확인 한 것입니다. 카누와 스케이트장 체험 활동의 경우는 체력적인 소모가 있기에 카누로 집중하기로 했고, 2일 차 저녁에 있을 춘천 닭갈비 거리 탐방은 취객 등의 문제가 예상되었기에 점심으로 이동했습니다. 답사 후에는 학생들에게 변경된 내용을 설명하고 이해를 부탁했습니다.

아이들이 꿈꾸는 졸업여행

졸업여행을 가게 되었습니다. 아이들이 참 좋아합니다. 우리 아이들은 졸업 여행을 어떻게 생각할까요?

아이들은 졸업 여행을 무척 기대하고 있었습니다. '방탄소년단, 우

▌ 모둠 시 만들기 ▐

① 주제를 확인합니다.

② 주제에 대해 한 문장씩 씁니다.

③ 순서를 조정하여 모둠 시로 만든 후 발표 합니다.

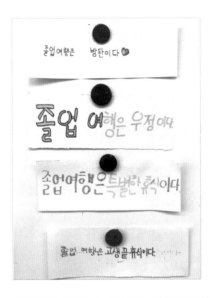

정, 특별한 휴식, 고생 끝 휴식' 말만 들어도 행복합니다. 이렇게 각 모둠에서 만든 시를 나눕니다. 모둠 시를 나누고 나니 더 궁금해집니다. 우리 반 아이들은 어떤 졸업여행을 꿈꿀까요? 우리가 꿈꾸는 졸업여행을 그림으로 그려봅니다. 졸업 여행에 있었으면 하는 것들, 꿈꾸는 졸업 여행에서 벌어지는 일들을 그림으로 그려 보았습니다.

'추억을 위한 졸업 여행, 인생에서 가장 아름다운 순간 화양연화, 우

◤ 우리가 꿈꾸는 졸업 여행은? ◥

① 주제를 확인합니다.
② 꿈꾸는 졸업 여행을 그림, 단어, 문장, 색 등으로 표현합니다.
③ 각자 자신의 그림을 설명합니다.
④ 제목을 정한 후, 전체 발표를 합니다.

리만의 말하지 못할 비밀, 자유롭고 행복한 졸업 여행, 우리들도 꿈이 있다.' 우리 반 아이들이 함께 꿈꾸는 졸업 여행입니다. 저는 그림으로 표현하기를 자주 활용합니다. 학급에는 발표를 어려워하는 아이들이 제법 있습니다. '내가 말을 잘할까? 엉뚱하다고 하진 않을까?' 걱정을 많이 하지요. 이럴 때 그림을 사용하면 마음 속 이야기를 편하게 드러낼 수 있습니다.

갑자기 질문이 쏟아집니다. '화장을 해도 되느냐? 짝은 어떻게 하느냐?' 궁금한 것이 정말 많습니다. 한 명씩 대답을 해주다보니 지칩니다. 이럴 땐 반 전체 친구들과 '질문 던지기' 활동을 합니다.

질문을 함께 읽고, 핵심 키워드로 칠판에 적습니다. 질문을 다 적

◢ 질문 던지기 ◣

① 주제와 관련하여 궁금한 질문을 종이에 적습니다.

② 종이를 구긴 후 질문 상자에 던집니다.

③ 질문을 확인합니다. 이때 지원자 1명을 선정해서 칠판에 기록합니다.

④ 교사가 바로 대답할 수 있는 질문은 답변을 합니다.

⑤ 함께 논의해야 할 질문은 따로 모아 둡니다.

은 후 제가 바로 대답할 수 있는 것은 그 자리에서 말합니다. 예컨대, '졸업 여행을 안 가면 교장 선생님과 수업을 해야 한다. 간식은 먹어도 되지만 뒤처리는 깨끗하게 해야 한다.' 와 같이 답변을 합니다. 바로 답변하기 곤란 한 것은 따로 정리 합니다. '버스 짝, 방 모둠, 휴대폰 사용, 화장 문제'입니다. 숙박형 체험학습을 계획하는 초등학교 교

사라면 누구나 고민하는 문제이기도 합니다.

"휴대폰 사용과 화장 문제는 6학년 전체의 문제라, 6학년 다모임에서
결정해야 할 것 같아요. 버스 짝과 방 모둠 정하기는 우리 반에서 해결
할 수 있는 문제입니다. 회의를 통해서 함께 해결해보죠."

버스에서 어떻게 앉을 것인가?

아이들은 왜 이렇게 버스 짝에 대해 소중하게 생각할까요? 버스 짝에
대한 경험을 함께 나눠봅니다.

우리 반 아이들은 '친한 친구와 짝이 되었을 때, 간식을 함께 나눠

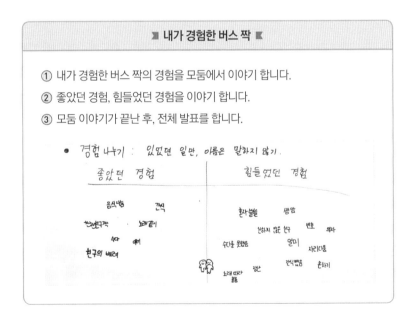

먹을 때, 친구가 배려 할 때, 수다를 함께 나눌 때' 행복하고 좋았다고 합니다. 반대로 힘들었던 때도 많습니다. '선생님 마음대로 정할 때, 친하지 않은 친구와 짝이 될 때, 나 혼자 쓸쓸하게 있을 때, 자리다툼을 하거나 버스 안에서 장난을 할 때' 많이 힘들었다고 대답했습니다.

좋았던 경험과 힘들었던 경험을 나눈 후, 어떻게 버스 짝을 하면 좋을지 이야기 나눕니다. ❶ 원하는 사람과 앉기 ❷ 방 모둠이 정해지면 그 안에서 결정하기 ❸ 제비 뽑기 ❹ 번호 순 ❺ 선생님 마음대로가 나왔습니다. 다섯 개의 의견에 대해 장점과 단점이 무엇이 있는지 확인해봅니다.

각각의 의견에 대해 장점과 단점을 자유롭게 이야기 합니다. 가령 제비 뽑기는 '공평하다. 오히려 친해질 수 있다. 제비 뽑기 할 때 흥미

❚ 장점과 단점 말하기 ❚

도출된 의견들의 장점과 단점을 돌아가면서 이야기 하는 방법입니다.

가 있다.' 가 장점으로 나왔습니다. 단점도 있습니다. '싫어하는 사람과 짝이 될 수 있다. 어색할 수 있다. 싫어하는 짝과 되면 뒤에서 욕을 할 수 있다.'고 합니다. 이렇게 '장점과 단점 말하기'를 하면 생각이 넓어집니다. 나한테 좋은 아이디어가 누군가에게는 고통이 될 수 있음을 이해할 수 있는 기회가 됩니다.

이제 선택을 할 시간입니다. 먼저 다중투표를 활용해서 3개의 의견을 선정합니다.

다중 투표를 통해 '번호순'과 '선생님 마음대로' 하자는 의견은 탈락시키고, 가중 투표를 통해 최종 방법을 선정합니다. 가중투표 결과 가장 많이 나온 안건은 '원하는 사람과 앉기'입니다. 누구나 원하고 기대하는 방법이라 어느 정도 예상했던 결과입니다. 원하는 사람과 앉는 방법도 이야기 합니다. '친한 친구들끼리 알아서 정하자'는 의견이 많습니다. 친한 친구들끼리 모둠을 만들고 알아서 버스 짝을 정하자는 것입니다. 이렇게 했을 때 **어려움**은 무엇이 있는지 찾아봅니다. 아이들이 생각하는 어려움은 '❶ 만약 친구들이 홀수라면 둘씩 앉을 수 없는데 어떻게 할까? ❷ 친한 친구가 한 명도 없다면 어떻게 해야 할까?'입니다. 친한 친구들이 모둠을 만들었을 때, 모둠 인원이 짝수가 아니라 홀수인 경우에는 다툼이 있을 수 있고, 친구가 한 명도 없는 아이는 외로워 졸업여행 내내 힘들 것이라고 생각한 것입니다.

예상되는 어려움을 어떻게 하면 해결할 수 있을지 찾아봅니다. 처음에는 '선생님과 앉는다, (친한) 아이들과 매일 바꿔 앉는다.' 와 같이

▎ 가중투표 ▎

중요하다고 생각하는 의견에 의미를 더 부여하는 방법의 투표입니다.

① 손가락이나 스티커를 사용하여 가중 투표를 합니다.

② 중요한 의견에 3개, 2개, 1개 이렇게 의미를 부여하여 투표합니다.

③ 개인 별 가중 투표를 합산하여 모둠에서 점수를 확인합니다.

④ 모둠별 점수를 합산하여 전체 점수를 확인합니다.

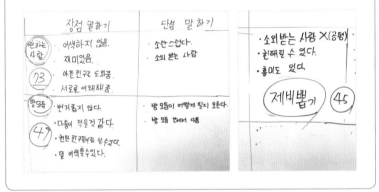

평소에 경험했던 이야기를 합니다. 하지만 선생님과 앉으면 더 불편할 수 있고, 매일 짝을 바꿔 앉는 것도 번거롭다고 합니다. 회의시간이 길어지자 '그냥 선생님이 알아서 정해 달라'는 아이들도 생깁니다.

"선생님, 그럼 3명이 버스 짝해요."

한 모둠에서 기가 막힌 아이디어를 냅니다. 버스 짝을 꼭 2명씩 하지 말고 필요한 경우에는 3명씩 하자는 의견입니다. 소외 받는 친구가 있을 때 2명이 힘을 합치면 더 빨리 도움을 줄 수 있다고 합니다. 아이들도 괜찮은 생각이라 여겼는지 만장일치로 우리 반 버스 짝 규칙으로 정합니다.

◢ ○○초등학교 6학년 2반 버스 짝 규칙 ◣

① 친한 친구들과 모둠을 만든다.
② 모둠에서 2명씩 버스 짝을 정한다. 이때 모둠 인원이 홀수 인 경우에는 3명이 버스 짝이 된다.
③ 소외 되는 친구가 없도록 노력한다. 만약 소외 되는 친구가 생길 때는 반에서 2명이 지원을 해서 그 친구를 도와준다. 이때, 2명의 도움을 받을지는 소외 되는 친구가 최종적으로 결정한다.

함께 머리를 맞대면 해답이 보입니다. 개인이 아무리 뛰어나더라도 함께 하는 우리를 뛰어 넘을 순 없기 때문입니다. 아이들은 이렇게 현명합니다.

방 모둠을 어떻게 할 것인가?

졸업여행 때 누구와 함께 방을 쓸 것인가는 아이들에게 최대의 관심입니다. 즐겁고 행복한 졸업여행의 기준을 '방 모둠'이라고 하는 경우도 있지요. 방 모둠을 어떻게 하면 좋을지 물으면 대부분은 '원하는 친구, 친한 친구, 내가 함께 있고 싶은 친구'라고 대답합니다. 하지만 현실적인 어려움이 있습니다. 예산의 문제가 그렇습니다. 또 친한 친구들끼리만 방을 쓰는 게 교육적으로 옳은지 고민도 됩니다. 어떻게 이 문제를 현명하게 해결할 수 있을까요?

> **▌방 모둠 정하기 활동 순서 ▌**
>
> ① 방 모둠이 왜 중요할까?
> ② 모두가 원하는 방 모둠을 정하기 어려운 이유는?
> ③ 방 모둠을 정하는 학생들의 기준은?
> ④ 피라미드 토론
> ⑤ 모둠별 발표
> ⑥ 방 모둠을 정하는 선생님의 기준은?
> ⑦ 4사분면에 정리하기
> ⑧ 주먹으로 결정 및 합의하기

먼저 아이들은 방 모둠이 왜 그렇게 중요하게 생각하는지 궁금했습니다. 아이들은 평소에 갈등이 있거나 어색했던 친구들과 이틀 동안 함께 있는 다는 것을 걱정했습니다. 이야기 꺼내기도 불편하고, 졸업 여행을 마음껏 즐길 수 없다고 생각했습니다. 마지막 졸업여행, 즐겁고 좋은 추억만 남기기를 바라는 그 마음이 충분히 이해가 되었습니다.

현실적으로 모두가 원하는 방 모둠이 힘든 이유도 이야기합니다. 방 인원은 6명으로 정해져 있고, 같은 모둠이 되고 싶은 사람은 많기 때문에 어렵다고 말합니다. 원하는 대로 할 때 소외되는 사람이 생길 수밖에 없다고 생각합니다.

방 모둠을 어떤 **기준**으로 정하면 좋을지 고민해 봅니다. 원하는 사람이라는 의견이 많습니다. 원하는 사람이 되면 무엇이 좋은지 묻습니다. 마음이 편하다고 합니다. 친하기 때문에 방에서 생활하기 편하다고 말합니다. 드러난 것은 '원하는 사람'이지만 정말로 중요하게 생각 한 것은 '편안함'이었습니다.

본격적으로 어떻게 방 모둠을 정해야 할지 피라미드 토론을 합니다. 먼저 각자 원하는 방 모둠 배정 방법을 2개씩 쓴 뒤에 옆 짝과 1:1 토론을 합니다. 4개의 아이디어 중 마음에 드는 아이디어 2개를 옆짝과 합의해서 선정합니다. 같은 방법으로 2:2토론을 진행한 후에 모둠의 최종 의견, 2개를 결정합니다.

피라미드 토론을 마치고 모둠별 발표를 했습니다. 우리 모둠에서 정한 의견은 무엇인지 반 전체 친구들에게 안내하는 것이지요. ❶ 친한 친구끼리(교사는 개입하지 않기), ❷ 제비 뽑기, ❸ 친한 친구로 하고 넘칠 때는 다른 방에 보내기, ❹ 모두 친한 친구만 하지 않고 반씩 섞

▨ 피라미드 토론(4인 1모둠 기준) ▨

① 방 모둠 정하는 방법을 개인별로 2개 씁니다.
② 짝과 1:1 토론을 합니다. 4개의 의견 중 2개의 의견을 협의하여 선정합니다.
③ 모둠에서 2:2 토론을 합니다.
④ 모둠별로 2개의 의견을 선정합니다.

이게 하기(반반)' 이렇게 크게 4가지 의견으로 정리가 되었습니다.

"어느 의견이 가장 좋아 보이나요?"

발표를 들었는데 어떤 의견이 더 좋은 의견인지 잘 모르겠다고 합니다. 이럴 때 사용하면 좋은 것이 4사분면입니다.

◗◗ 4사분면으로 평가하기 ◖◖

① 2×2 바둑판 모양을 그립니다.
② 가로축과 세로축의 기준을 정합니다.
③ 각 아이디어를 기준에 따라 배치합니다.

"우리들이 정한 방 모둠 기준이 무엇인가요?"
"편안함이요."
"선생님이 기준을 하나 더 제시해도 될까요?"

2박 3일 졸업여행을 인솔하는 담임으로서 기준을 말합니다. 바로 **'질서'**입니다. 안전이라고 할 수 있겠지요. 부모님을 대신하는 졸업여행이라 선생님 부담이 크다는 속마음을 전합니다. 편안하고 질서 있는 방 모둠이 되었으면 좋겠다는 뜻을 솔직하게 밝힙니다.

"바둑판 모양에 여러분들의 의견을 표시해 볼래요?"

"어떻게 하는 건데요?"

"가로는 편안함이고, 세로는 질서예요. 예를 들어 '선생님 마음대로 한다'고 하면 질서는 높지만 여러분들의 마음은 불편할거예요. 그럴 때 그 의견은 1번 칸으로 옮기면 됩니다."

"선생님이 옮기는 거예요?"

"아니요. 여러분 중에서 하고 싶은 사람이 해요. 하지만 옮길 때는 친구들 의견을 물어야 해요."

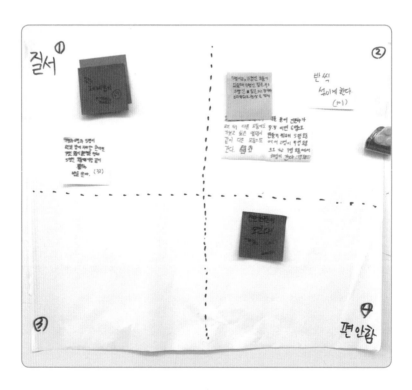

조심스럽게 의견을 정리합니다. ❶ 친한 친구끼리(교사는 개입하지 않기)는 편안하지만 질서가 없을 것 같습니다. ❷ 제비 뽑기는 질서는 있는데 마음이 불편하다고 합니다. ❸ 친한 친구로 하고 넘칠 때는 다른 방에 보내자는 의견도 질서는 있지만 불편해 합니다. ❹ 모두 친한 친구만 하지 않고 반씩 섞이게 하기(반반)는 질서도 있고, 편안한 방법이라 평가합니다. 이렇게 4사분면을 활용하면 생각을 정리하기 좋습니다.

이제 마지막 단계입니다. 방 모둠 문제는 우리 반 아이들이 가장 중요하게 생각하는 문제라 다수결보다는 합의로 이끌기로 마음먹습니다.

합의를 이끄는 주먹오

주먹오는 다섯 손가락으로 얼마나 동의하는지 확인하는 방법입니다.

 0 절대 반대입니다.

1 큰 우려가 있습니다.
논의하고 싶습니다.

 2 사소한 문제가
있습니다. 논의하고
싶습니다.

 3 받아들이겠습니다.

 4 괜찮습니다.
좋습니다.

 5 나는 아주 좋습니다.
최선의 결정입니다.

진행방법

① 주먹오를 설명합니다.

② 교사의 설명에 따라 주먹오를 진행합니다.

③ 각각의 안건에 대해 반 전체 학생들이 주먹오를 합니다.

④ 모둠별 점수를 합산하여 전체 점수를 확인합니다.

⑤ 주먹오를 마무리 합니다.

먼저 주먹오를 설명합니다. 주먹오는 다섯 손가락으로 얼마나 공감하고 동의하는지 알 수 있는 방법입니다. 예컨대, 다섯 손가락(5)은 전적으로 동의한다는 뜻입니다. 반대로 주먹(0)은 절대 반대한다는 뜻이지요.

❶ 친한 친구끼리 정하기(교사는 개입하지 않기), ❷ 제비 뽑기, ❸ 친한 친구로 하고 넘칠 때는 다른 방에 보내기, ❹ 모두 친한 친구만 하지 않고 반씩 섞이게 하기(반반)' 이 4개의 안건에 대해 각각 주먹오를 진행합니다.

주먹오 결과

① 친한 친구끼리 정하기(교사는 개입하지 않기) 119

② 제비 뽑기 74

③ 친한 친구로 하고 넘칠 때는 다른 방에 보내기 33

④ 모두 친한 친구만 하지 않고 반씩 섞이게 하기(반반) 101

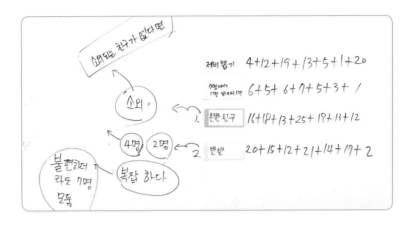

낮은 점수를 받은 '친한 친구로 하고 넘칠 때는 다른 방에 보내기'와 '제비 뽑기'는 제외하기로 합니다.

> "혹시 주먹오를 할때 친한친구끼리 정하기 (교사는 개입하지 않기)와 모두 친한 친구만 하지 않고 반반 섞이게 하기 (반반) 에서 0, 1, 2점을 준 친구들이 있나요?"

몇 명의 아이들이 손을 듭니다.

> "왜 그렇게 주었는지 이유를 들어봐도 될까요? '친한 친구끼리 정하기 (교사는 개입하지 않기)'부터 들어 볼게요."
> "친한 친구끼리만 하면 소외 받는 친구가 생길수도 있잖아요. 그것 때문에 1점을 줬어요."

"어떻게 하면 4나 5점을 줄 수 있을까요?"

"소외 받는 친구가 없었으면 좋겠어요."

모두 친한 친구만 하지 않고 반씩 섞이게 하는 방법(반반)에 대해서 이유를 물어 봅니다.

"너무 복잡해요. 반씩 모인다는 보장도 없어요."

"어떻게 하면 4나 5점을 줄 수 있을까요?"

"그냥 조금 불편하더라도 한 방에 자면 좋겠어요. 6명이 정원이지만 한 명 정도는 더 잘 수 있거든요."

0, 1, 2의 점수를 준 아이들의 속마음을 들었습니다. 그만한 이유가 있었고 이해가 되었습니다. 모두가 동의합니다. 친한 친구끼리 방 모둠을 정할 때 소외받는 친구가 없는지 한 번 더 살피기로 합니다. 친한 친구들이 섞일 때는 정확히 반반으로 섞일 수 없음을 이해하고, 쉬운 방법을 찾아보기로 합니다. 또 한 명 내지 두명 정도는 추가할 수 있도록 합니다. 0,1,2의 낮은 점수를 준 아이들 덕분에 놓치지 않고 이야기할 수 있었습니다.

"이제 최종 결정을 해야 할 때입니다. 어떻게 하면 좋을까요? 다수결로 정하는 게 가장 빠른데 더 좋은 방법은 없을까요?" 학급에서 회의를 하다보면 이야기가 끊기는 경우가 종종 있습니다. 보통은 대답하기 힘든 내용이나 생각이 잘 정리가 되지 않을 때 그렇습니다. 이럴 때 저는 짝이나 모둠에서 이야기 하게 합니다.

◢▌ 마주 이야기 ▐◣

주제에 대해 짝이나 모둠에서 자유롭게 이야기하는 것입니다. 짝 토론이라고 도 합니다.

마주 이야기가 끝나자 한 아이가 손을 번쩍 듭니다.

"선생님 둘 다 살리면 안 돼요?"

"어떻게?"

"일단 친한 친구끼리 방 모둠을 만들어보고, 인원이 넘칠 때는 혼자 다른 방으로 가지 않고, 2~3명씩 팀을 짜서 옮겨요. 그러면 다른 방에 가게 되도 덜 외롭고 어색하지 않을 것 같아요."

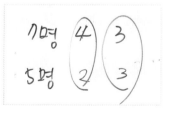

학생들 스스로 방 모둠을 짜보고, 인원이 넘칠 때는 다른 방 모둠과 이야기를 해서 섞일 수 있도록 하겠다고 합니다. 예컨대 7명인 방 모둠은 4, 3명으로 나누고 5명인 방 모둠은 2, 3명으로 나눠서 6명씩 방 모둠을 정하자고 합니다.

모두 좋다고 합니다. 혹시 잘 안 되면 어떻게 할 것인지 물으니 대답이 신선합니다. '그때 가서 생각해요.' 아이들은 자기들 스스로 선택하고 결정한 일이니 책임도 함께 지겠다고 합니다. 괜한 걱정만 가득한 담임보다 더 어른스럽습니다.

> ◀▒ **서종초등학교 6학년 2반 방 모둠 규칙** ▒▶
>
> ① 학생 스스로 방 모둠을 정한다.
> ② 6-7명을 넘기는 경우에는 다른 방 모둠으로 옮긴다.
> ③ 이때 친한 친구 2-3명이 함께 이동한다.
> ④ 무엇보다 소외 되는 친구가 없도록 모두가 노력한다.

3월,
학급 비전 세우기 프로젝트

우리 반은 어떤 반인가요? 우리 반 아이들은 어떤 가치를 중요하게 생각할까요? 3월 초, 바쁜 새학기에 학급 비전을 세우면 무엇이 좋을까요?

교사라면 옆 반은 뭔가 특별한 무엇인가를 갖고 있다는 느낌을 받은 적이 있을 것입니다. 잘되는 반에는 여러 이유가 있겠지만 공통적으로 '무엇을, 왜' 해야 하는지 잘 알고 있습니다. 무엇과 왜에 해당하는 것이 학급의 가치입니다. 잘 나가는 반은 학급 가치, 비전을 학생과 선생님이 함께 공유하는 반입니다. 바로 지금 진행하려는 학급 비전 세우기가 중요한 까닭입니다.

'학급 비전 세우기 워크숍' 준비

◢ 워크숍을 진행하기 전에 생각해 볼 것 ◣

① 우리 반이 소중하게 생각하는 핵심가치 찾는다.
② 시간 여유를 둔다. 함께 공감하고 공유하는 것이 목적이다.
③ 학급 비전이 살아 있는 환경 구성을 고민한다.

학급 비전 이라고 하면 왠지 모르게 힘들고 어려운 일로 여겨집니다. 단순하게 ○○○하고 ○○○있는 ○○○한 우리 반처럼 3~4개의 가치를 찾는다고 생각해 보겠습니다.

시간적 여유도 중요하지만 급하게 진행하면 두시간 만에도 가능하고, 가급적 4시간 이상을 배정하는 것이 좋습니다. 아이들이 이야기 나누고, 생각을 모으고, 찬찬히 들여다 볼 수 있는 기회를 주는 것입니다. 학급 비전 세우기 워크숍에서는 결과보다 생각을 함께 나누는 과정 자체를 소중하고 의미 있게 봅니다. 아이들 역시 학급 비전을 만드는 과정을 통해 온 몸으로 비전을 익히는 것이 중요합니다.

학급 비전이 만들어 진 후 어떻게 전시를 할지 고민해보는 것도 좋습니다. 예를 들어 '활기차고 재미있는 평화로운 우리 반'이라는 학급 비전을 한 글자씩 꾸며 교실 복도 창문에 전시할 수 있습니다. 아이들 스스로가 뭔가를 만들었다고 뿌듯해하며 옆 반 친구에게 설명하는 모습을 자주 봅니다. 함께 고민하고 결정한 우리반 비전이기 때문입니다.

'학급 비전 세우기 워크숍' 운영하기

1. 마음 열기: 눈먼 자동차 게임

① 안대 쓰기

② 짝의 안내로 목적지까지 이동하기

③ 소감 나누기

---

2. 생각 꺼내기: 좋은 반, 천국 같은 반은?

① 내가 경험한 좋은 반은? (수업, 쉬는 시간의 모습으로)

② 좋은 반을 넘어 천국 같은 반은 최고의 어떤 반일까? (수업, 쉬는 시간으로 나누어)

---

3. 생각 모으기

① 비슷한 내용 묶기

4. 모둠별 학급 비전 만들기

개인-모둠 순서로 학급 비전 만들기
(○○○하고 ○○○한 ○○○한 우리 반)

---

5. 평가하기

① 모둠에서 만든 비전 전시
② 핵심 가치 3개 선정

---

6. 우리 반 학급 비전 결정하기

① 선정한 핵심가치 3개로 학급 비전 만들기
② 우리 반 학급 비전 최종 결정

---

7. 전시하기

1. 마음 열기: 눈먼 자동차 게임

❶ 안대 쓰기

❷ 짝의 안내로 목적지까지 이동하기

❸ 소감 나누기

❹ 우리 반 길잡이는 무엇일까?

눈먼 자동차 게임은 짝 게임입니다. 안대로 눈을 가린 후 짝의 안내를 받아 목적지로 이동합니다. 길잡이 역할을 하는 학생이 안대를 한 친구의 어깨를 뒤에서 잡고 자동차처럼 운전을 합니다. 이때 다른 사람들과 부딪히지 않도록 주의합니다.

이 과정이 익숙해지면 손이 아닌 말로 안내를 합니다. 짝 앞에서 "왼쪽으로 3걸음, 앞으로 3걸음, 멈춰"등의 방법으로 안내하면 됩니다. 놀이가 끝난 후 소감을 나눕니다. 이때, 길잡이 역할을 해준 친구에게 고마움을 표시합니다. 마지막으로 우리 반에서 길잡이 역할을 하는 것이 무엇인지 질문을 해봅니다. 이후 학급 한해살이의 길잡이 역할을 하는 '학급 비전'의 의미를 되새겨 봅니다.

우리 반에서 길잡이 역할을 하는 것은 무엇일까?

2. 생각 꺼내기: 좋은 반, 천국 같은 반은?

그동안 내가 경험했던 좋은 반을 이야기해 봅니다. 기억에 남는 선생님, 함께 했던 일들, 친구, 구체적인 장면을 자세히 이야기 해보도록 합니다. 이야기를 좀 더 이끌기 위해서는 "수업 시간과 쉬는 시간으로 나눠 생각해보세요."라는 질문을 하면 효과적입니다.

이제는 본격적으로 상상의 시간입니다. 상상의 시간은 좋은 반에 대한 경험을 넘어 천국 같은 최고의 반을 꿈꾸는 것입니다. 천국같은 최고의 반이란 질문은 간단하지만 강력합니다. 평소 꿈꿔왔던 생각을 마음껏 꺼낼 수 있기 때문이지요. 다만 우려되는 점도 있습니다. 놀이나 음식 만들기 같이 재미로만 집중될 수 있습니다. 그래서 쉬는시간 점심시간으로 구분해서 생각을 열어볼 수 있도록 합니다.

생각 꺼내기

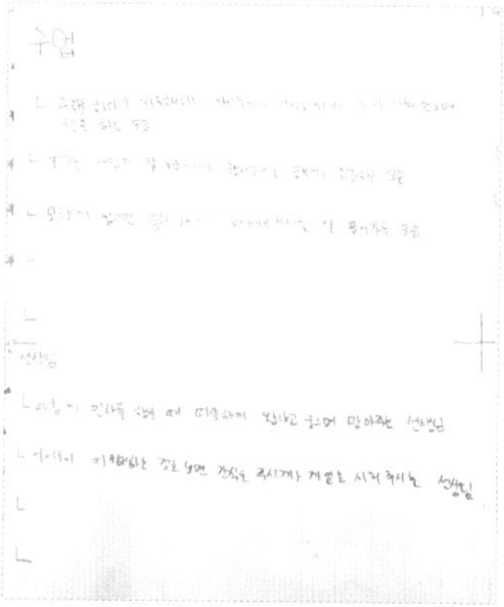

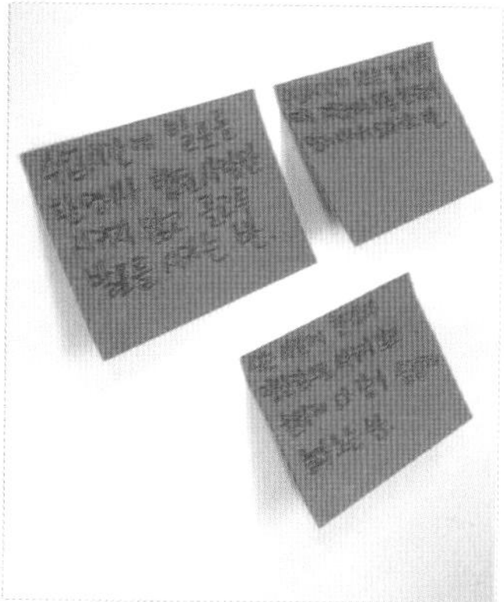

내가 경험한 좋은 반은?

내가 생각하는 천국 같은 최고의 반은?

3. 생각 모으기

생각을 적어보았다면 명목집단법을 활용하여 생각을 모읍니다. 개인별로 적은 포스트잇을 학급 칠판에 붙인 후, 시간을 두고 꼼꼼히 살핌

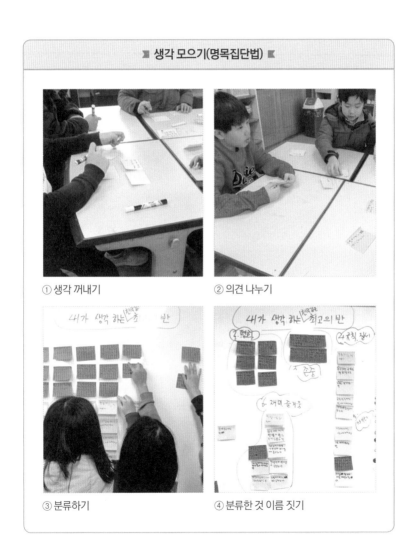

◤ 생각 모으기(명목집단법) ◥

① 생각 꺼내기

② 의견 나누기

③ 분류하기

④ 분류한 것 이름 짓기

니다. 비슷한 내용은 함께 묶어 보고 마지막으로 분류된 내용을 대표할 수 있는 이름을 짓습니다.

예를 들어 '축구를 많이 하는 반, 피구를 많이 하는 반'을 묶습니다. 그리고 피구와 축구를 대표할 수 있는 대표 이름을 '운동'이나 '건강'으로 정하는 방법입니다.

4. 모둠별 학급 비전 만들기

생각 모으기 단계에서 분류된 핵심가치(단어)를 확인합니다. 이 핵심가치를 바탕으로 모둠별로 우리 반 학급 비전을 만듭니다.

예컨대, 선정된 핵심가치가 '배려, 재미, 평화, 성장, 존중'이라면, 이 다섯 가지 핵심가치가 들어간 비전을 만드는 것이지요. 이때 바로 모둠 친구들과 학급비전을 만들기보다는 개인별로 만든 후에 모둠에서 수정하는 방법으로 합니다. 한 두 명의 의견이 곧바로 모둠 의견이 되지 않도록 합니다.

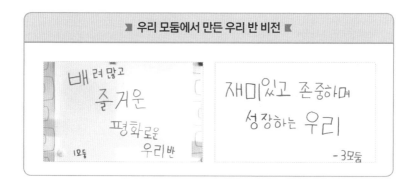

5. 평가하기

모둠에서 만든 학급 비전을 교실에 전시합니다. 다른 모둠에서 만든 학급 비전을 자세히 살핍니다. 모둠별로 만든 학급 비전의 공통점을 찾아 우리 반 학급 비전으로 만드는 것입니다. 평가하기를 통해 5-6개의 핵심 가치를 3개로 압축합니다.

예컨대, '배려, 재미, 평화, 성장, 존중'이라는 핵심 가치를 '성장, 배려, 재미(즐거움)'으로 정리합니다. 한 마디로 아이디어를 정리하는 것이지요.

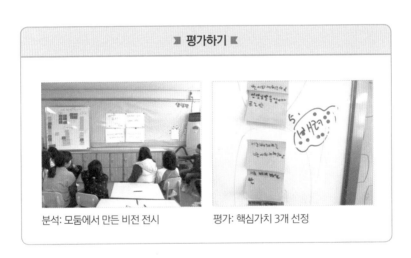

분석: 모둠에서 만든 비전 전시   평가: 핵심가치 3개 선정

6. 우리 반 학급 비전 결정하기

어떻게 하면 전체 모둠의 뜻을 살릴 수 있는지 묻고, 학생들의 의견을 칠판에 적습니다. 3-4개 정도를 적은 후 투표를 하여 우리 반 학급 비전으로 최종 결정합니다.

우리 반 학급 비전

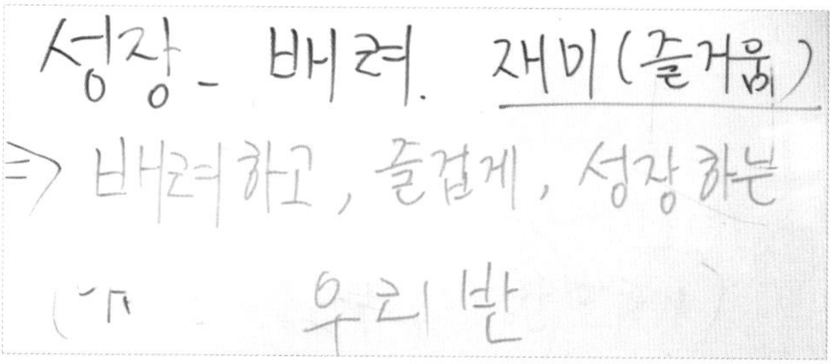

7. 전시하기

학급 비전이 결정되면 전시하고, 글자를 하나씩 맡아 꾸미도록 합니다.

배려하고 즐겁게 성장하는 우리 반

Q 학년 비전도 세우고 싶어요.

학년 비전 세우도 같은 방식으로 진행합니다. 다만 모든 학생들이 참여하기 어렵기에 학급 대표를 뽑아 진행하면 좋습니다. 학급 별로 중요하게 생각하는 가치를 정한 후 학생 대표들이 모여 학년 비전을 만듭니다. 학년 비전은 펼침막(플래카드), 학년 깃발, 학년 티셔츠 만들기 등에 활용할 수 있습니다. 나아가 학년 비전이 들어간 티셔츠 만들기 대회를 한다면 아이들의 반응은 폭발적일 것입니다.

아이들의 뜻을 살리는 수업
수업과 함께하는 학생자치 실천 사례

6학년 1반 구덕천

요즘 '온작품 읽기' 활동을 하시는 선생님들이 많습니다. 이번 시간에는 아이들과 함께 책을 읽고 아이들 스스로 자치 활동을 진행한 사례를 소개해 보겠습니다.

제가 아이들과 읽은 작품은 『6학년 1반 구덕천』입니다. 덕천이는 가난합니다. 아버지 없이 생계를 책임지는 어머니와 덕천이와 같은 학교에 다니는 여동생, 이렇게 셋이서 살고 있습니다. 덕천이는 학교에서 왕따를 당합니다. 무리지어 다니는 같은 반 친구들에게 급식실, 운동장, 교실에서 모욕적인 말을 듣고, 심지어 구타를 당하기까지 합니다.

그럼 『6학년 1반 구덕천』을 읽기 전에 먼저 제 이야기를 꺼내보겠습니다. 어릴 시절, 저는 못된 아이였습니다. 아버지 사업 실패 이후, 어머니는 매일 일을 하러 다니셨습니다. 자연스레 저 혼자 있는 시간이 많아졌습니다. 가게에서 물건을 훔치거나 오락실에서 몰래 돈을 뺏기도 했습니다. 저는 학교에서도 막무가내였습니다. 아이들에게 욕도 하고 무리지어 다니며 마음에 들지 않는 친구들을 때리기도 했습니다. 아이들은 저를 무서워했습니다. 요즘이라면 저는 경찰서를 몇 번이고 드나들었을 것입니다.

2000년 초반, 인터넷 사이트를 통해 동문회를 찾는 것이 유행한 적이 있습니다. 그 때 초등학교 동문회를 한다고 이야기 들었습니다. 하지만 저는 친구들을 만날 수가 없었습니다. 저지른 잘못이 너무 컸기 때문입니다. 부끄러웠습니다. 지금 생각해도 정말 부끄럽습니다. 한 명 한 명 찾아가 무릎 꿇고 싶은 적이 한 두 번이 아닙니다. 평생 마음의 짐입니다. 제 이야기를 듣고 놀란 토끼눈이 된 아이들은 구덕천의 이야기가 남 이야기 같지 않다고 합니다. 다른 책을 읽을 때와는 사뭇 다릅니다. 그래서 아이들과 『6학년 1반 구덕천』을 읽고 다음의 활동으로 이어나가 보았습니다.

"책을 읽고 마음에 드는 문장 10개 정도 찾아서 써보세요."

구덕천을 읽고 마음에 드는 문장

① (39) 골목 밖 큰 길에서 아주 기분 나쁜 소리가 났다. 끼이익! 퍽!

② (62) 사실 내가 오빠에게 하고 싶은 말은 그것이 아니었다.

③ (102) 그래도 같이 서시죠. 그래도 아드님 졸업식인데.

④ (150) 그런 아이도 사랑으로 가르치는 게 우리 선생님들의 본분이 아닌가요?

⑤ (175) 선생님들이 그렇게 벌레 취급 안 해도 나도 내가 끔찍해요. 정말 끔찍해 죽겠어요.

⑥ (182) 야, 강주명, 저금은 나중에 하고 뭐 좀 먹고 보자.

⑦ (189) 괜찮아. 길을 아는 사람에게는 별 문제 되지 않아.

⑧ (187) 두 사람이 분식집 문을 나섰을 때 밖은 벌써 어두워져있었다.

⑨ (186) 어려울 바에는 새로운 길을 찾아보겠어요.

김×× 학생

① (39) 골목 밖 큰 길에서 아주 기분 나쁜 소리가 들렸다.

② (71) 오빠는 정말로 꺼져 버렸다.

③ (92) 덕희야 오래 살다 보면 말이다. 이 세상에서 살다보면 어쩔 수 없는 일들을 만나게 된단다.

④ (97) 선생님이 내 팔을 잡아끌었다. 나를 쫓아 낼 모양이다. 끌려가지 않으려고 안간힘을 썼다.

⑤ (157) 누구나 사랑할 수 있는 아이들을 사랑해주는 건 어느 누구라도 할 수 있습니다.

⑥ (189) 주명이가 씩 웃었다. 유 선생님도 같이 웃었다. 유 선생님과 주명이는 길을 갔다.

⑦ (189) 어두워도 길을 아는 사람에게는 별 문제가 되지 않아. 너 제법이다.

① (32~34) 그럴 리가 없습니다. 우리 반 아이들은 모두 다 착한 아이들입니다.

② (42) 한 아이가 신호등 건너편 길바닥에 엎어져 있는 것이 보였다. 덕천이였다.

③ (61) 사실 내가 오빠에게 하고 싶은 말은 그것이 아니었다. '왜 가만히 있어? 본때를 보여주지, 그런 기분 나쁜 녀석들은! 오빠 바보야?' 이 말이 너무 하고 싶었던 거야.

④ (66) "그게 말이다. 더, 덕희야." 아줌마가 말을 더듬었다.

⑤ (90) 너무 바보 같아서 내가 막 욕해줬어. 오빠 따위는 필요 없다고. 꺼져버리라고. 그런데 진짜 그렇게 된 거야.

⑥ (101) 나를 그대로 두라고 했던 아저씨가 내게 다가와 말했다.

⑦ (102) 하나, 둘, 셋, 김치! 찰칵

⑧ (115) 이 학교 저 학교 쫓겨 다니는 사고뭉치, 그럼 그렇지! 시한폭탄! 구제불능!

⑨ (161) "너냐고!" "아닙니다." "그럴 리가 있나! 선생님한테 이따위 되먹지 못한 욕을 쓸 놈은 이 반에서 너밖에 없는데."

⑩ (189) "너 제법이다" "선생님이 더 용감하세요. 그 위험한 일을 다시 하겠다니까요." "괜찮아 길을 아는 사람에게는 별 문제가 되지 않아." 주명이가 씩 웃었다. 유 선생님도 같이 웃었다.

① (47) 공책 앞표지에 쓴 글씨가 내게 말을 걸었다. "현수야, 고마워"

② (71) 전체가 심장이 돼 버린 듯이 온 몸이 쿵쿵 세게 울렸다.

③ (110) 유 선생님은 유 선생님대로 그런 주명이를 볼 때마다 가슴이 조마했다.

④ (112) 그 어느 것도 한 마디로 함 선생님을 표현하기에는 모자랄 뿐이었다.

⑤ (113) 함 선생님은 교탁에 아무렇게나 던지며 소리쳤다.

⑥ (115) 곧 경멸하는 눈초리로 바뀌어 얼굴을 돌리지 못했다.

⑦ (117) 억지로 봐야하는 기분 나쁜 힘 때문에 주명이는 숨을 쉬기 어려웠다.

⑧ (119) 사랑의 매가 아니었어도 이미 주명이는 흠씬 두들겨 맞은 것과 다름 없었다.

⑨ (120) 무언가 누를 수 없는 감정이 마구 솟구치기 시작했다.

⑩ (131) 화끈거리는 느낌이 팔에서, 등에서 다리에서 예고도 없이 느껴졌다.

홍×× 학생

① (20) 선생님이 주명이를 보고 방긋이 웃었다. 주명이는 나를 보고 씩 웃었다.

② (25) 벌떡 일어나서 식판을 주명이에게 집어 던졌다. 이건 너나 먹어 이 자식아!

③ (88) 내가 그랬어. 뭔가 자꾸 나를 짓누르기에 자꾸만 발목을 잡고 놔주지 않기에 꺼지라고 가방을 집어 던졌어.

④ (150) 그런 아이도 사랑으로 가르치는 것이 우리 선생님들의 본분 아닌가요?

⑤ (154) 그러니……. 주명이를 다른 학교로 전학시키면 저도 사임하겠습니다.

⑥ (186) 그리고 학교는 저를 별로 원하지도 않고

⑦ (186) 물론 학교 밖에도 길은 있지. 그렇지만 대부분의 사람들이 선택하지 않는 길에는 큰 어려움이 있기 마련이야.

⑧ (187) 더 좋지 않은 일이 일어난다고 해도 앞으로는 결코 주저앉지 않겠어요.

핵심문장과 핵심단어 뽑기

2교시 국어 시간에는 『6학년 1반 구덕천』을 읽고 한 사람당 10개 정도의 문장을 뽑았습니다. 뽑은 문장은 돌아가면서 읽었습니다. 나와 겹치는 부분이 나올 때는 왠지 반갑습니다. 다른 부분에서는 '아! 맞다.' 무릎을 탁 칩니다. 읽었는데 내용이 알쏭달쏭한 부분은 쓴 부분을 다시 묻기도 합니다. 이렇게 한참동안 이야기를 주고 받은 후 자신이 뽑은 10개의 문장 중에서 마음에 드는 문장 2~3개를 선택합니다.

김××학생

① (150) 그런 아이도 사랑으로 가르치는 게 우리 선생님들의 본분 아닌가요?

② (62) 사실 내가 오빠에게 하고 싶은 말은 그런 것이 아니었다.

박××학생

① (189) 너 제법이다. 선생님이 더 용감하세요.

② (32) 선생님은 별로 심각하게 받아들이는 눈치가 아니었다.

③ (47) 6학년 1반 구덕천 공책 앞표지에 쓴 날씨가 내게 말을 걸었다. '현수야 고마워.'

김○○학생

① (97) 선생님이 내 팔을 잡아끌었다. 나를 쫓아낼 모양이다. 끌려가지 않으려고 안간힘을 썼다.

② (189) 주명이가 씩 웃었다. 유 선생님도 같이 웃었다. 유 선생님과 주명이는 길을 갔다.

김△△학생

① (71) 전체가 심장이 되어버린 듯이 온 몸이 쿵쿵 세게 울렸다.

② (85)유 선생님은 유 선생님 대로 그런 주명이를 볼 때마다 가슴이 조마조마했다.

③ (119) 사랑의 매가 아니었어도 주명이는 흠씬 두들겨 맞은 것과 다름없었다.

홍××학생

① (154) 그러니 주명이를 다른 학교로 전학시키면 저도 사임하겠습니다.

② (187) 더 좋지 않은 일이 일어난다고 해도 앞으로는 결코 주저앉지 않겠어요.

류○○ 학생

① (61) 사실 내가 오빠에게 하고 싶은 말은 그것이 아니었다. ' 왜 가만히 있어? 본때를 보여주지. 그러 기분 나쁜 녀석들은! 오빠 바보야?' 이 말이 너무 하고 싶었던 게다.

② (161) "너야?" "아닙니다." "그럴리가 있나! 선생님한테 이따위 되먹지 못한 욕을 쓸 놈은 이 반에서 너 밖에 없는데."

③ (115) 이 학교 저 학교 쫓겨 다니는 사고뭉치. 그럼 그렇지! 시한폭탄 구제불능!

아이들에게 문장을 뽑은 이유를 들어보면 마음이 짠합니다. 덕천이를 괴롭힌 주명이에게 기회를 주고 싶어 하는 아이들이 제법 있습니다. 사실 저는 주명이가 용서가 되지 않았습니다. 단 하나 밖에 없는 목숨을 잃은 구천이가 너무 가엽고 불쌍합니다. 하지만 아이들은 다릅니다. 기회를 주고 싶어 하고 응원합니다. 오히려 주명이 진심을 모르고 나쁘게만 보는 선생님들의 모습에 화를 내고 힘이 되어주는 유선생님을 돕고 싶어 합니다.

무척이나 부끄러웠습니다. 어른인 교사보다 더 어른스러운 아이들에게 배웁니다. '나는 어떤 선생님일까?' 아이들을 정말로 믿고 돕고 있는가 반성도 해봅니다.

"자 그럼, 우리가 뽑은 문장들을 보면서 단어 3개를 뽑아 볼까요?'

　선택한 문장을 다시 읽고, 마음에 남은 인상 깊은 단어를 고릅니다. 금방 할 것 같은데 시간이 꽤 걸립니다. 책 한권을 온전히 읽고, 시간을 두어 토론을 하면 이런 모습을 자주 봅니다. 책을 읽고, 자신의 삶과 견주어 이야기를 나누다 보면 '공감'되는 부분이 많기 때문입니다.

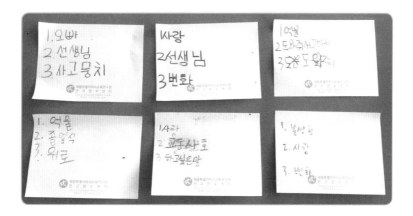

역할극하기

연극에는 힘이 있습니다. 책을 몸으로 겪습니다. 연극을 만들기 위해서는 동무들과 동작을 맞추고 이야기를 해야합니다. 발표를 통해 '용기'있게 드러내는 경험을 함께 갖게 됩니다. 아이들은 총 2모둠으로

나눕니다. 모둠별로 인상 깊은 부분을 정해 연습을 합니다. 오토바이 사고 장면과 점심시간 친구들에게 놀림 받는 장면을 마음에 남는다고 합니다. 덕천이가 겪었을 어려움과 곤란함에 공감이 된 것 같아 마음 아픕니다.

연극을 마무리 하고 ❶ 역할을 하고 난 소감과 ❷ 인물들에게 하고 싶은 질문 만들기를 해봅니다. 몸으로 겪은 것은 금방 사라지기에 역할을 했을 때의 감정과 생각을 정리해두는 것이 필요합니다.

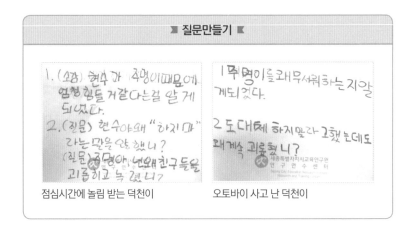

▌▌ 질문만들기 ▌▌

점심시간에 놀림 받는 덕천이

오토바이 사고 난 덕천이

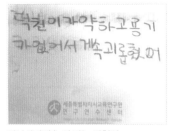

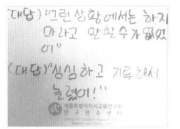

점심시간에 놀림 받는 덕천이

오토바이 사고 난 덕천이

그리고 소감과 질문을 따로 나눕니다. 덕천이를 괴롭히는 친구들에게 화도 내보고, 참고만 지낸 덕천이에게 왜 그리 용기가 없었는지 원망도 해봅니다. 이렇게 안타깝고, 서러운 이야기를 나누다 보면 어느 순간 마음이 평온해집니다. 충분하게 감정을 쏟아낸 후에는 생각이 들어오기 마련입니다. 자신들이 쓴 질문에 대답을 적게 합니다. 말을 글로 풀어냅니다.

함께 이해하고 공감하는 자치 활동

책을 글로 읽고 말로 나누다 보면, 함께 해보고 싶은 것들이 생깁니다. 처음에는 재미만 쫓는 경우가 많습니다. 하지만 아이들과 찬찬이 이야기 나누면 의미 있는 활동들이 많습니다. 중요한 것은 아이들이 주눅 들지 않고, 마음껏 이야기 할 수 있도록 격려하는 것입니다. 구덕천을 읽고 난 후 강○이는 주명이 얼굴을 밥으로 만들어, 숟가락으로 때

려주면서 먹었으면 좋겠다고 합니다. 속상한 것이 덜 풀린 것 같습니다. 아직도 주명이가 밉냐고 물어봅니다. 강○이는 마지막 글을 읽어보니 주명이가 반성한 것 같다고 합니다. 다시 어떻게 하면 좋을까 묻습니다. 사이좋게 밥을 먹어보자 합니다. 점심시간에 놀림 받은 덕천이를 위해 사이좋게 밥 먹기를 해보자 합니다. 좋습니다. 부족한 의견은 이렇게 나누다보면 채워집니다. 교사는 기다릴 뿐입니다.

덕천에게 위로편지도 쓰자고 합니다. 아이들은 글쓰기를 싫어하지 않습니다. 제 삶과 동떨어진 글짓기를 싫어할 뿐입니다. 한 명 한 명 정성을 다해 씁니다. 교사는 기다려 줄 뿐입니다.

Now is when we enjoy happiness. Here is where we enjoy happiness.

To 6년 1반 구덕천
안녕 덕천아 나는
이야 니가 주명이 때문에 억울
하게 교통사고로 죽은 것을 위로해줄려고
편지를 썼어 덕천아 살다보면 어쩔수
없는 일이 만나게 돼 그리고 덕희가
초등학교 마지막 졸업식에 너의 영정
사진을 들고 졸업식 해주었어.
너의 엄마랑 덕희가 많이 위로 주었
고 주명이가 저절은 일은 다 인정했어.
내가 너의게 해 줄말은 하늘에서
잘지내렴 그럼이만
2018년 10월 22 월 8일

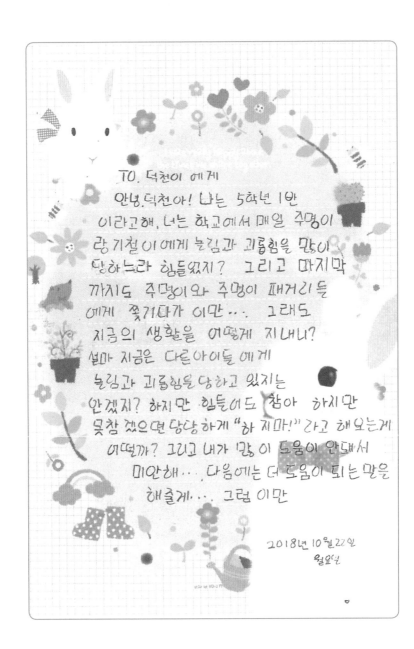

TO. 덕천이 에게

안녕. 덕천아! 나는 5학년 1반 이라고해. 너는 학교에서 매일 주영이 랑 기철이 에게 놀림과 괴롭힘을 많이 당하느라 힘들었지? 그리고 마지막 까지도 주영이와 주영이 패거리들 에게 쫓기다가 이만... 그래도 지금의 생활을 어떻게 지내니? 설마 지금은 다른아이들 에게 놀림과 괴롭힘을 당하고 있지는 안겠지? 하지만 힘들어도 참아 하지만 못참 겠으면 당당 하게 "하 지마!" 라고 해보는게 어떨까? 그리고 내가 많이 도움이 안돼서 미안해... 다음에는 더 도움이 되는 말을 해줄게... 그럼 이만

2018년 10월 22일
월요일

6학년 1반   에게

안녕 덕천아. 난   라고해 주명이와 기철이에게 많이
눌림받고 협박을 받았저. 나중엔 주명이 장난이 심해서 뭐까
지 뿌려트리고 현수가 널 조금 되와 줬노데 더나중엔 현수에게도
해코지를 해서 현수어머니가 학교에 와서 선생님과 상담
했는데 주명이가 선생님 앞에선 착한척 하고 선생님이 안
계시고 친구들만 있을땐 아이들을 때리고 괴롭펴서 선생
님이 주명이에겐 친절을 배풀고 덕천이 너에겐 선생님
이 친절을 배풀지 않는다 생각해. 나중에 주명이도 유선
생님 덕에 사람이 되어 잘산다고 해. 너에게는 안타까
운 얘기지만 너도 믿 악속아. 이자 뭐 주명이도 진심으로
사과 할 거야 진짜야. 악속해 하늘나라 가서도 잘
지내야해.

2018. 10. 22. 월요일.   가

영화 감상 후 실천하는 학생자치

이번 시간에 소개할 활동은 영화를 보고 학생자치를 실천해보는 활동입니다. 제가 아이들과 함께 시청한 영화는 〈원더〉입니다. 〈원더〉는 2017년 작품으로 남들과 다른 외모로 태어난 '어기'가 학교에서 어려움을 극복하는 성장 영화입니다. 자치 활동을 풀어나가는 재료가 꼭 책이 아니어도 괜찮습니다. 5학년 국어 수업에 '이야기를 읽고 작품에서 받은 감동 표현하기' 내용이 있습니다. 이야기는 어떻게 읽혀질까요? 가을바람이 불기 시작하는 요즘, 길가에 흘러나오는 노래에도 이야기를 읽습니다. 포스터 한 장에도 예전 내가 겪은 삶을 떠 올립니다. 상상력을 갖고 적극적으로 방법을 찾아보면 할 수 있는 것이 정말 많습니다.

영화로 수업을 하자고 하니 아이들 모두 좋아합니다. 〈원더〉를 소개한 영화 홍보 영상을 먼저 보여주었습니다. 미리 짧은 영상을 보여주는 것은 아이들의 호기심을 자극할 수 있는 도구입니다.

시청을 하기 전, 한 주 동안 나눠 볼 것이니 내용을 잘 기억해야 한다고 먼저 일러둡니다. 등장인물이 많고 여러 사건이 동시에 일어나다 보니 줄거리를 헷갈려하는 경우가 종종 있습니다. 학습지를 만들어 나눠줍니다. 간단합니다. 인물, 사건, 배경, 인상(깊은 부분) 이렇게 네 가지 잣대로 영화를 분석해봅니다. 학교행사와 전담시간을 빼고 영화를 봅니다. 학습지도 틈틈이 적습니다.

“선생님 주인공 이름이 뭐예요?”

“친구들 것 보면 안 돼요?”

그냥 종이 한 장인데도 불구하고 아이들은 그것을 ‘시험’이라 여깁니다. 함께 돌려 읽고, 좋은 점은 베껴 쓰자고 어려운 일을 만나면 힘을 합쳐야 한다 말합니다. 내용을 이렇게 정리하니 나눌 이야기가 많습니다. 인상 깊었던 부분을 돌아가면서 나눕니다. 조금 다르게 태어난 ‘어기’의 용기가 놀랍다고 합니다. 어기처럼 용기 있었으면 좋겠다 합니다. 어기를 격려하는 한 문장 편지를 쓰자고 하니 좋다고 합니다.

한 문장 편지를 씁니다. 이야기를 연결해보니 한 편의 시가 됩니다. 순서를 바꿀 때 마다 새롭습니다. 짧은 글이 시가 되니 참 좋아 합니다.

영화 감상문도 씁니다. 새롭게 쓰지 않고 학습지에 적은 '인물, 사건, 배경, 인상 적인 부분'을 정리합니다.

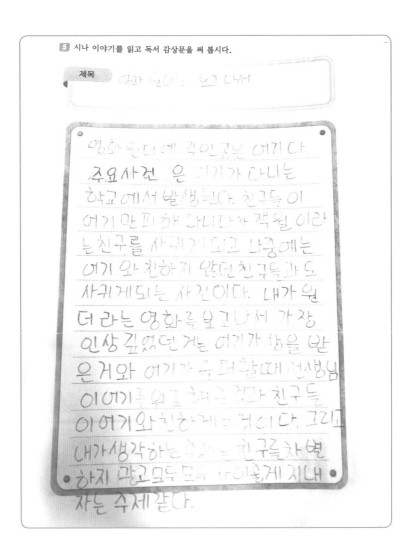

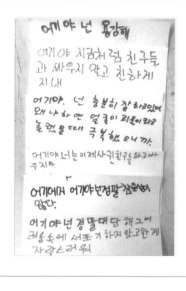

어기야, 넌 용감해
어기야, 지금처럼
친구들과 싸우지 말고 친하게 지내

어기야, 넌 충분히 잘하고 있어
왜냐하면 얼굴이 괴물이라고 놀렸을 때
극복했으니까

어기야, 너는 이제 친구들하고 싸우지 마
어기야, 넌 정말 참을성이 많아

어기야, 넌 정말 대단해
그 어려움 속에서 포기하지 않고 한 게
자랑스러워

"영화를 다 봤는데 같이 해보고 싶은 것 있어?"

어떤 배움씨가 생겼는지 궁금합니다. 윤○은 과학 박람회를, 무○과 강○이는 놀이공원과 수학여행 가보고 싶어 합니다. 건○는 박스로 사진을 찍은 장면을 따라 하고 싶어 합니다. 규○이는 화산을 만들어 보고 싶습니다. 서로의 마음을 나눕니다. 그리고 가능한지 따져봅니다. 수학여행과 놀이공원은 돈과 시간이 많이 드니 다음으로 미루자고 합니다.

그러더니 아이들은 화산에 갑자기 꽂힙니다. 다같이 화산을 만들어 보자 합니다. 바로 컴퓨터실로 이동합니다. 화산에 대해 조사하고 함

게 만들기로 합니다. 단 실험 조건이 있습니다. '❶ 작은 준비물은 스스로 준비한다, ❷ 환경이 오염되지 않게 한다'입니다. 각자 준비물을 찾습니다. 비슷한 사람은 모둠을 만듭니다.

영화 원더를 보고 화산 실험이라니! 놀랍습니다. 아이들의 호기심과 관심이 어디로 튈지 어디까지 닿을지 모릅니다. 온 몸으로 느끼고 배웁니다. 끝 난 후 소감을 자세히 쓰기로 정리합니다. 그냥 하는 것이 아니라 미션을 줍니다. '❶ 본 것(한 것) ❷ 들은 것(말한 것) ❸ 느낌(생각)'이 들어가게 합니다. 국어 '견문과 감상'을 활용합니다.

아이들이 쓴 글을 살펴보고 고쳐봅니다. 이오덕김수업연구소에서 나온 책 '온작품 읽기와 온배움씨' 중 김강수 선생님의 이야기가 큰 도움이 됩니다. '❶ 읽을 때 어색한 부분, ❷ 자기 이야기인지, 남의 이야기인지, ❸ 말하듯 썼나?, ❹ 어려운 것은 쉽게, ❺ 띄어쓰기, ❻ 맞춤

법, ❼ 제목 정하기, ❽ 엉뚱한 이야기, 믿을 수 없는 이야기' 몇 가지

잣대를 알려주고 고쳐 쓰기를 해봅니다.

현 장 체 험 학 습 보 고 서 (별 지)

성 명		학년 반	제 5 학년 1 반 6 번

우리반은 오늘 화산 만들기 체험로 하기로 했다.
첫 번재로 간곳은 도봉교실 옆에있는 신발장 이다.
그리고 선생님이 와서 "안전하게해" 라고 맡씀하시고 자
리를 잡으라고 하셨다. 우리는 시소옆에 자리를 잡고 만들
기 시작했다. "우리는 두개만들자" 내가말했다. "그래"
유규빈이 말했 다. 한병에는 식초를 넣고 소다로 터드리기
로하고 또 한병은 콜라줄넣고 멘토스로 터트리기
로 했다. 병이 안쓰러지게 흙을파고 병을 넣은다음에
모래로 덮었다. 만들고 있다가   네 팀이 다 만들어서
구경 하러 갔다. "자간다 !!" 가 맙하고 터트렸다.
진짜 화산 같았다. 빡 강색 소를 너서 더욱더화
산 같았다. 곳우리도 다 만들기 작전완 였다.
다 만들고 핸드폰을 꺼내서 쩍극 준비을 하고 식초병
을 터트렸다. "오오오ㅡ!" 내가말 했다. 정말신기
했다. 식초에 다 베이킹소다 안넣를 붙인데 터져서
정말신기 했다. 그리고 바로 콜라병에 멘토스를넣
어 바로 터트렸다. 그것다 핸드폰으로 찍었다.
터질때도 소리가 "치이이이이ㅡ)이런소 리가났
다 내생각은 폭폭 때소리하고 뚝 같구나 라는 생각을 했다.
실험을다하고 깨끗은걸 저장하고, 실험한 걸 치구고 그리
고 운동장에서 놀았다.

　영화 한 편이 시가 되고, 감상문이 되고, 과학실험이 되고, 기행문이 되었습니다. 누군가는 엉뚱한 수업이라 할 수 있습니다. 그럼에도 불구하고 이런 수업을 하는 이유가 있습니다. 마음이 가는 곳에 배움이 있다 믿기 때문입니다. 누구나 마음속에는 뭔가 해보고 싶은 배움씨가 있습니다. 드러내지 않고 꺼내지 않았다면 묻혔을 내용입니다. 마음 속 이야기를 말로 나누고, 겪고, 글로 정리하는 과정을 통해 더 큰 배움이 있었습니다. 교사의 몫은 이런 마음이 잘 드러날 수 있도록 들어주고, 연결해주고, 북돋아주는 것이라 여깁니다. 교사란 작은 효과와 성장을 위해 무리하게 조장(助長)하지 않고, 학생 스스로 잘 일어설 수 있도록 길게 돕는 역할을 하는 사람이라 생각합니다.

 영화 〈원더〉를 보고

라면처럼 끓는 화산

김○○

처음 장소는 돌봄 교실 신발장 옆이다. 돌봄 교실 옆 신발장 계단에 앉아 선생님 이야기를 들었다. 선생님이 말씀하셨다.

"핸드폰 있는 사람?"
"저요!"

조를 짰다. 핸드폰 있는 사람과 없는 사람끼리 팀을 짜서 장소를 찾아 돌아다녔다. 우리 팀은 시소 앞 운동장에서 화산을 만들었다. 식초에 빨간 물감을 넣고 저은 후, 컵에 담아 식소다를 넣었다. 부글부글 끓으면서 "퍽! 퍽!" 거품 터지는 소리가 났다. 그 소리는 마치 폭탄이 터지는 소리와 비슷했다. 선생님이 동영상을 찍으라 했다. 동영상과 사진을 찍었다. 액체가 올라오는 게 제일 신기했다. 처음에는 안 될 줄 알았는데 올라와서 정말 좋고 기쁘고 재미있었다. 만족스러웠다. 청소를 하고 남은 시간에 신나게 놀았다.

마법 같은 화산 실험

류○○

우리 반은 처음에 돌봄 교실 앞 주차장에서 가장 가까운 앞문에서 선생님 말씀을 들었다. "우리는 이제 화산을 만들고 장소, 본 것, 들은 것, 느낀 것을 종이에 써 볼 거야."라고 말씀하셨다. 운동장 옆 농구장에서 선생님이 팀을 짜주셨다. 식소다, 식초를 챙기고 운동장 시소 뒤 학교 숲 앞에서 화산을 만들었다. 우리는 총 2가지했다. 하나는 콜라에 멘토스를 넣어 폭발시켰고, 하나는 물감, 식초, 식소다를 넣어 폭발시켰다. "치리이이치 이이이"소리가 났다. '우와 진짜 신기하다.'라 생각했다. 강○, 건○ 팀도 2가지를 했다. 하나는 사이다에 소다를 넣고, 하나는 우리와 똑같이 식초, 소다를 넣었다. "치이이이이이" 우리랑 비슷한 소리가 들렸다. 우리는 동영상과 사진을 찍고 실험한 것을 정리한 다음 운동장에서 놀았다.

첫 화산 실험
박××

돌봄 교실 옆문에서 선생님 설명을 들었다. "자 이제 우리는 화산 만들 장소를 찾자." 운동장 옆에 있는 농구장에서 선생님이 "너는 윤○랑 짝이야."라고 말했다. 윤○랑 걸어 다니면서 시소 뒤에서 화산을 만들자고 했다.

첫 번째로 땅을 파고 구멍에 컵을 박고, 모래를 덮었다. 종이컵에 식초를 붓고 빨간색 물감을 식초와 섞었다. 화산에 다 부었다. 선생님이 "애들아 이리 모여봐. 윤○, 무○이가 한 것 봐봐!" 베이킹 소다를 부었는데 실제 화산처럼 거품이 생기면서 물이 새서 신기했다.

다음은 규○, 진○이 걸 봤는데 나랑 다르게 화산을 만들었다. 콜라를 묻고, 거기에 멘토스 4개를 넣었는데 화산처럼 폭발했다. 나도 다음 실험에는 저렇게 만들어야겠다고 생각했다. 마지막 팀은 아주 간단했다. 다 쓴 병에 식초를 붓고, 베이킹 소다를 식초 안에다 두면 내가 실험 한 거랑 똑 같이 폭발한다. 이번 실험은 재미있었다. 다음엔 더 재미있는 실험을 할 거다.

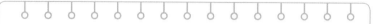

원더 화산 따라 만들기
홍○○

우리 반은 오늘 화산 만들기 체험을 하기로 했다. 첫 번째로 간 곳은 돌봄 교실 옆 신발장이다. 선생님이 "안전하게 해!"라고 말씀하시고 자리를 잡으라고 하셨다.

우리는 시소 옆에 자리를 잡고 만들기 시작했다.

"우리는 두 개를 만들자."
"그래."

한 병에는 식초를 넣고 소다로 터트리기로 하고 또 한 병은 콜라를 넣고 멘토스로 터트리기로 했다. 병이 쓰러지지 않게 흙을 파고 병을 넣은 다음에 모래로 덮었다. 팀이 다 만들어 구경하러 갔다. "자 간다." 말하고 터트렸다. 진짜로 화산 같았다. 곧 우리가 다 만들기 직전이었다. 다 만들고 핸드폰을 꺼내 찍을 준비를 하고 식초병을 터트렸다. "오오오!" 정말 신기했다. 그리고 바로 콜라병에 멘토스를 넣어 바로 터트렸다. 핸드폰으로 찍었다. 터질 때도 소리가 "치이이이" 이런 소리가 났다. '물 틀 때와 똑같구나!'라 생각했다. 실험을 다 하고 찍은 걸 저장하고, 치우고, 운동장에서 놀았다.

교사가 학교 문화를 만든다

교사는 외로운 존재입니다. 교사가 교실에서 겪는 가장 큰 딜레마가

혼자서 온전히 선택하고 결정해야 한다는 점입니다.

그 선택이 맞을 때도 있지만 때론 실수도 있습니다.

좋은 의도로 시작한 활동이 민원의 대상이 되기도 하기 때문입니다.

이렇게 한 두 번 좌절된 교사들은

'그냥 하던 대로 해' 라고 말하는 교사가 되기 쉽습니다.

교사의 자존감을 회복하고 진정한 교육활동의 주체로 서기 위해서는

옆에서 손 잡아주는 동료가 필요합니다. 교원 학습공동체가 필요한 것입니다.

교실에 혼자 외로이 있는 교사들이 뜻을 함께 할 때

교사의 자존감은 훨씬 더 높아질 것입니다.

개인이 아무리 뛰어나다 하더라도 '우리'를 넘어설 순 없기 때문입니다.

학교자치를 살리기 위해 애써야 할 것은
교사의 실천이라고 생각합니다.
평범한 일상 속에서 서로를 위해
조금씩 한 걸음 나아가는 보통 교사들의 삶이,
학교자치를 열어가는 바탕이 될 것이라
믿고 있습니다.

02

교사가
학교 문화를 만든다
'교사 자치'

왜 선생님이 스스로
민주적인 학교를 만들어 나가야 할까?

우리는 누구나 민주적인 학교와 제대로 된 소통을 원합니다. 나의 의견이 잘 전달되고, 학교 전반에 반영되기를 말입니다. 민주주의가 위대한 이유는 다양성과 비판을 허용하기 때문입니다. 하지만 학교의 현실은 어떨까요. 다름은 틀림이 아니라 말하지만 쉽지 않습니다. '저사람은 틀렸어. 저 사람만 없으면 우리는 잘 할 수 있을 거야. 저 사람은 나와 상극이야.'라는 말을 자주 하곤 합니다.

『비통한 자들을 위한 정치학』이라는 책에는 존 울만 John Woolman(1720~1772)이라는 사람의 이야기가 나옵니다. 존 울만은 미국 뉴저지에서 살았던 퀘이커 교도입니다. 당시에는 노예를 얼마나 많이 가지고 있느냐가 경제력과 사회적 지위를 드러냈습니다. 퀘이커 교도도 같았지요. 존 울만은 종교 공동체에서 노예제를 무덤덤하게 받아들이는 것에 대해 심각성을 느끼고 종교적 신념으로 자신의 노예들을 해방시킵니다. 또 이 문제를 같은 퀘이커교도들에게 알리고, 그들도 자신처럼 노예를 해방시키기 위해 애씁니다. 무려 20년 동안이나 이 활동은 지속됩니다. 결국 퀘이커교는 남북전쟁이 일어나기 80년 전 미국에서 처음으로 노예를 해방시킨 종교 공동체가 됩니다.

이것이 가능했던 것은 존 울만의 노력도 있었지만, 퀘이커교도들의 인정의 힘도 컸습니다. 만약 저라면 어땠을까요? 존 울만을 눈에 가시처럼 생각했을 것 같습니다. 괜한 분란을 일으키는 사람으로 여겼겠지요. 그리고 바로 다수결로 우리 공동체에서 노예를 소유할 것인가에 대해 투표를 했을 것입니다. 아마 그랬다면 노예를 소유했던 많은 사람들의 뜻이 반영되었겠지요. 하지만 퀘이커교도들은 그렇게 하지 않았습니다.

퀘이커교도는 중요한 사안에 대해 다수결이 아닌 합의를 통해 결정하는 전통이 있었습니다. 그들은 다수의 뜻이 관철되는 투표도 하지 않고, 성가신 존 울만을 내쫓지도 않았습니다. 서로가 가진 다름을 인정하고 합의를 할 수 있을 때까지 경청하고 이야기를 나눴지요. 존 울만이 종교 공동체에서 노예제를 폐지할 수 있었던 것은 서로를 존재로서 인정하고 합의에 이를 수 있을 때까지 기다려 준 힘입니다.

민주적 학교와 소통의 시작도 같다고 봅니다. 상대방을 인정하고, 합의에 도달할 때까지 함께 하겠다는 마음에서 시작되는 것입니다. 때론 이 과정이 비효율적이라고 생각 될 때가 많습니다. 하지만 효율성만 따진다면 민주주의보다 독재가 훨씬 효과적이지요. 그리고 남북 전쟁에 80년 전에 노예제를 해방시킨 것을 보면 민주주의가 비효율적인 것만도 아닙니다. 서로의 다름을 인정하고, 경청하고, 기다릴 줄 아는 마음. 그것이 소통하는 민주적 학교를 이끄는 힘이라 봅니다.

어떻게 선생님 스스로
학교 문화를 만들어나갈 수 있을까?

민주적 학교 문화를 위해 교사는 무엇을 할 수 있을까요? 내 한 몸, 우리 학급 하나 살피기에도 벅찬데 문화까지 만들라고 하니 교사 입장에서는 공감이 되지 않습니다. 그래서 할 수 있는 것에서부터 시작했으면 좋겠습니다. 나와 우리 반부터 시작하는 것이지요. 그렇게 지내다 여유가 생기면 둘레를 살피면 좋습니다. 만약 힘들어 하는 동료 선생님이 있다면 작은 격려와 위로를 건네면 어떨까요?

'선생님 괜찮아요. 힘내세요. 잘하고 있어요.'

민주적 학교의 시작 '신뢰'

민주적 학교는 어떤 학교일까요? 저는 학교자치가 꽃피는 학교를 민주적 학교라 봅니다. 학생과 교사, 학부모들이 원하고 기대하는 것을 스스로 만들어 가는 학교지요. 학생들이 주인이 되는 체육대회, 교사들의 뜻이 반영되는 교육과정 운영, 학부모들이 주관이 되는 주말 알뜰시장 등 수없이 많은 것들이 머릿속에 떠오릅니다.

그렇다면 자치란 무엇일까요? 자치란 자신과 관련된 일을 스스로 결정하고 책임지는 것을 뜻합니다. 학교자치를 이해하는 단어는 크게 '스스로'와 '결정'입니다. 무엇을 할 것인지, 또는 하지 않을 것인지 스스로 선택하고 결정하는 것이지요. 헌법에서는 이를 '자기 결정권'이라고 부릅니다. 민주적 학교는 학생, 교사, 학부모가 선택권과 결정권을 갖는 학교인 셈입니다. 대표적인 것이 법적인 지위와 책임을 갖고 있는 학교운영위원회입니다. 학교운영위원회는 교육자치기구로 학교 운영과 관련된 중요한 의사결정을 합니다. 학부모와 교원, 지역 인사가 참여하여 학교정책 과정의 민주성과 투명성을 확보하고, 학교의 빛깔에 맞는 교육과정이 되도록 심의·자문하는 역할을 합니다.

하지만 현실은 어떤가요? 적은 수의 학교를 제외한 대부분의 학교에서 학교운영위원회의 존재감은 아주 작습니다. 여러 이유가 있지만 학교가 자율적으로 할 수 있는 것이 별로 없다는 것이 가장 큰 원인입니다. 교육과정만 봐도 그렇습니다. 무엇을 어떻게 가르치고 배울 것인지 학교 스스로 결정하도록 기다리고 지원하기 보다는 '지침'과 '시행령'이라는 이름으로 강제하는 것이 더 많습니다.

■ 학교안전 7대 표준안 영역 ■

영 역		시간 및 일정	시 수	법령
①생활 안전	체육 및 여가활동 안전		1	
	시설 안전		1	
	제품안전	매년 2회 이상	2	학교급식법 / 식생활교육지원법
	실험 실습 안전		3	학교안전사고예방 및 보상에 관한 법률
②교통 안전	자전거 안전	2개월에 1회 이상	10	아동복지법 시행령 제 28조 1항
	오토바이 안전			
	자동차 안전			
	대중교통 안전			
③폭력예방 및 신변보호	학교폭력	학기별 2회 이상	4	학교폭력예방 및 대책에 관한 법률 시행령
	성폭력	학기별 2회 이상	3	교육부지침 (2015 학생건강증진 기본 방향)
	자살예방	학기별 2회 이상	2	경기도교육청 민주시민교육 기본 계획
	가정폭력	연 1회 이상	1	가정폭력방지 및 피해자보호 등에 관한 법률
	아동학대예방교육	연 1회 이상	5	아동복지법 시행령 제 28조 1항
	실종 및 유괴예방	3개월에 1회 이상	10	아동복지법 시행령 제 28조 1항
④약물 및 사이버 중독예방	마약류 폐해 및 예방	3개월에 1회 이상	10	학교보건법 / 아동복지법 시행령 제 28조 1항
	흡연 폐해 및 예방	3개월에 1회 이상		
	음주 폐해 및 예방	3개월에 1회 이상		
	고카페인 식품 폐해 및 예방	3개월에 1회 이상		
	인터넷게임 중독 예방	연 1회 이상	1	국가정보화기본법 시행령
	스마트폰 중독 예방	연 1회 이상	1	
⑤재난 안전	화재	6개월에 1회 이상	6	아동복지법 시행령 제 28조 1항
	사회 재난	6개월에 1회 이상		
	자연 재난	6개월에 1회 이상		
⑥직업 안전	직업안전 의식		1	
	직업병			
	직업 안전의 예방 및 관리			
⑦응급처치	응급처치의 이해	2시간 이상 실습	4	학교보건법 제9조의2(2014.7.1. 시행) 교육부 학생건강정책과(2016)
	심폐소생술			
	상황별 응급처치			
계		(연간 51차시 표준)	65	

광주광역시 교육청, 2019 「범교과 학습 주제」학년 교육과정 시수 반영 사항

연번	반영 사항	학년	시간	반영 방법	필수/권장	반영 근거 (관련 법령 등)	담당과(팀) (전문직명)
1	한자교육	3~6학년	학교 재량	교과(군) 및 창체 연계	권장	2015 개정 교육과정	혁신교육과 (교육과정)
2	독도교육	6학년	10시간	교과(군) 및 창체 연계	권장	2019 주요업무추진계획	혁신교육과 (혁신지원)
3	장애인식개선교육	1~6학년	연 2회 이상	교과(군) 및 창체 연계	필수	장애인복지법 제25조, 제5차 광주특수교육발전 5개년('18~'22) 계획	혁신교육과 (특수교육)
4	교권보호교육	1~6학년	1시간 이상	교과(군) 및 창체 연계	권장	교원의 지위향상 및 교육활동을 위한 특별법 시행령 제2조의 2 제 2항	교원인사과 (중등인사관리)
5	독서교육과 정보이용교육	1~6학년	학교재량	교과(군) 및 창체 연계	필수	학교도서관진흥법 제15조 및 동법 시행령 제9조, 독서문화진흥법 제10조 및 동법 시행령 제11조	미래인재교육과 (진로진학)
6	정보통신윤리교육 [인터넷·스마트폰과다 사용예방교육, 정보통신 윤리교육 저작권교육 등]	1~6학년	7시간 이상	교과(군) 및 창체 연계	필수	정보화기본법 제30조의8 및 동법시행령 제30조의7	미래인재교육과 (과학정보)
7	학생인권교육	1~6학년	4시간 이상 (학기당 2시간)	교과(군) 및 창체 연계	필수	광주광역시 학생인권 보장 및 증진에 관한 조례	민주시민교육과 (민주인권교육)
8	5·18민주화운동 교육	1~6학년	2시간 이상	교과(군) 및 창체 연계	필수	광주광역시교육청 5·18민주화운동 교육 활성화 조례	민주시민교육과 (민주인권교육)
9	평화통일교육	1~6학년	10시간 이상	교과(군) 및 창체	필수	통일교육지원법	민주시민교육과 (민주인권교육)

3월이 되고 교육과정을 계획할 때 늘 듣는 말이 있습니다. 법령에

따라 꼭 해야 하는 '필수'사항을 꼼꼼하게 잘 기록해두라는 말입니다. 사고가 나면 이런 기록이 교사들을 보호한다는 말도 빠지지 않지요. 이렇게 매년 교육부, 교육청을 통해 교육과정에 필수적으로 반영해야 할 영역 시수가 200시간이 넘습니다. 대한민국에서 이 모든 것을 정말 제대로 실천하는 학교가 몇 개나 될까요? 또 이 모든 것을 다 실천하는 학교는 정상이라고 할 수 있을까요? 저는 이런 일들이 학교와 교사를 믿지 못하기 때문에 일어난다고 봅니다.

　민주적 학교의 시작은 신뢰에서 시작합니다. 교사는 교육의 전문이고, 학교의 문제는 구성원들이 가장 잘 해결할 수 있다는 믿음이 필요합니다. 선택하고 결정할 수 있는 기회를 주어야 합니다.

우리 반에서 시작하는 생활자치

이런 척박한 환경에서 선생님 스스로 민주적 학교 문화를 만들어 간다는 것은 참 어려운 일입니다. 안 그래도 힘든데 민주적 학교를 위해 '노오오오력'을 하자는 말이 쉽게 나오지 않습니다. 포기하고 싶은 마음이 크고 내가 무슨 부귀영화를 본다고 이런 일까지 해야 하는건가 한숨 섞인 불만도 나옵니다. 민주적 학교 문화를 위해 교사는 무엇을 할 수 있을까요? 사실 민주적 학교라고 하면 부담스럽습니다. 내 한 몸, 우리 학급 하나 살피기에도 벅찬데 문화까지 만들라고 하니 공감

이 잘되지 않고 내가 할 수 있는 일이 아니라 여겨집니다. 그래서 저는 내가 할 수 있는 것에서부터 출발하자고 말합니다. 나와 우리 반부터 시작하는 것이지요.

저는 매년 새 학기가 되면 사발통문이라는 방법을 활용해서 학생들과 함께 생활 규칙과 약속을 함께 정합니다. 사발통문의 방법은 간단합니다. 원을 그리고 원 주위에 우리 반에 있으면 좋은 규칙을 돌아가면서 씁니다.

이때 벌을 주거나 힘들게 하는 규칙이 아닌 자기 자신과 학급에 도움이 되는 방법을 찾아보게 합니다. 아이들은 실수하기 위해서 학교에 옵니다. 얼마 전 점심시간에 우리 반 학생과 옆 반 학생이 주먹다짐을 했습니다. 친절한 선생님이 되자고 마음을 먹지만 이런 상황이 되면 쉽지 않습니다. 교직경력이 20년에 가까워지는데도 말이지요. 천천히 마음을 다스리고 이야기를 서로 들어봅니다. 그리고 이렇게 말합니다.

"속상했겠구나. 너는 어떻게 하면 좋겠니?"

어떻게 하면 좋을지 스스로 선택하고 결정할 수 있는 자기 결정권을 주는 것입니다. 두 아이가 정한 방법은 분리수거였습니다. 그날 교사를 하면서 그렇게 깨끗하게 분리수거하는 학생을 처음 보았습니다. 왜 이리 열심히 하냐고 물었습니다.

"우리가 선택한 일이잖아요."

이렇게 자기 결정권은 자발성과 책임으로 이어집니다. 앞서 스스로 선택하고 결정하며, 책임을 다하는 일을 '자치'라고 했습니다. 우리는 흔히 학생 생활지도라는 말을 씁니다. 이제 생활지도에서 생활 자치로 한 단계 업그레이드 하면 어떨까요? 큰 힘과 노력이 들지 않습니다. 그저 묻고 선택할 수 있는 기회를 주면 됩니다.

함께 선택하고 결정하는 수업

그동안 학교는 '배달 식당' 같은 곳이었습니다. 교사는 국어와 수학이라는 도시락을 실수 없이 잘 전달해야 하는 존재였습니다. 학생들이 무엇을 먹었는지 안 먹었는지 중요하지 않습니다. 그냥 도시락을 시간에 맞춰 잘 놓아두었느냐가 중요했지요. 게다가 사회에서도 해결하지 못하는 문제는 꼭 '교육'이라는 이름으로 배달되었습니다. 세월호 침몰 사고가 대표적입니다. 정작 손봐야 할 사회 안전시스템은 건드리지 않고, 학교에 '안전교육'이라는 이름으로 몇 해 째 교사를 힘들게 하고 있습니다.

저는 혁신학교에 들어가면서부터 교육과정을 재구성한 프로젝트 수업을 했습니다. 교과와 교과, 교과 간의 내용을 살피고 성취수준을 따져서 꼼꼼하게 진행했습니다. 재미와 의미를 찾은 수업도 있었지만 기대하고 계획했던 대로 진행되지 않는 경우도 있었습니다. 때로는 소외되는 사람들이 생기기도 했습니다. 주로 '학생'이었습니다. 제가 주로 했던 교육과정 재구성 방법은 교사들이 정했습니다. 학생성장발달단계와 위계가 중요하다고 생각해 교사의 욕심으로 무리하게 진행한 적도 있었습니다. 지금 생각해보면 무슨 대단한 교육을 한다고 그렇게 했을까 반성합니다.

수업에서 가장 중요한 것이 무엇일까요? 저는 '마음'이라고 봅니다. 바로 학생들 스스로 배우고자 하는 '마음'입니다. 아무리 치밀하게 계획을 세우더라도 학생들이 배우고 싶어 하는 마음이 없다면 아무 소용이 없었습니다. 교사와 학생 모두 힘듭니다. 그래서 몇 해 전 부터는 새 학기가 되면 학생들과 배우고 싶은 마음을 찾는 활동을 합니다. 방법은 간단합니다.

① 교과서를 함께 읽는다.
② 더 자세히 배우고 싶은 내용은 무엇이고, 어떻게 배우고 싶은지 이야기 한다.

올해 사회 수업을 계획할 때 일입니다. 먼저 함께 사회책을 꼼꼼하게 읽었습니다. 그리고 더 자세히 배우고 싶은 것은 무엇이며, 어떻게 배우고 싶은지 물었습니다. 더 자세히 배우고 싶은 내용은 '병인양요, 조선후기의 사회문제, 윤봉길의사'입니다. 또 '서당도 따라 사진 찍기, 사발통문 따라 해보기, 수요 집회 참가, 역사 영화보기, 38선과 표지판 만들기'를 해보고 싶다고 했습니다.

아이들은 사회 수업을 기다립니다. 사실 예전에 교사 혼자 계획했던 프로젝트 수업에 비하면 아주 작은 활동들입니다. 그래도 반응은 지금이 더 뜨겁습니다. 자기들의 뜻이 담긴 수업이기 때문입니다. 물론 활동들을 다하진 못합니다. 학교 행사와 학년 일정 등으로 못할 때가 많지요. 그런 경우에는 상황을 설명하고 이해를 부탁합니다. 제 상황을 봐 줄때도 있지만, 정해진 대로 학생들 뜻을 따라야 할 때도 있습니다.

그럴 때는 서운합니다. 그래도 참 좋습니다. 이 과정자체가 사회수업이라 생각하기 때문입니다. 서로를 이해하고, 합의를 이끌어 내는 과정이 '민주주의'라고 보기 때문입니다. 무엇보다 아이들이 사회를 좋아하니 저도 사회 시간이 기다려집니다. 학생과 교사가 함께 선택하고 결정한 수업의 힘입니다.

외로운 교사

교사는 외롭습니다. 교사는 교실에서 일어나는 일들에 온전히 혼자서 판단하고 결정해야 합니다. 예컨대 갑자기 학생이 아플 때 보건실로 혼자 가게 할지, 친구와 함께 보낼지, 교사가 함께 데리고 갈지 빠르게 판단해야 합니다. 때론 생각하지 않은 결과를 만들 때도 있습니다. 교사가 데리고 함께 보건실로 간 사이, 싸움이 일어났을 때 왜 교사가 수업 중 자리를 비웠냐고 질책을 받기도 합니다.

교실에서 무한책임을 갖지만 교실 밖에서 교사가 할 수 있는 일은 별로 없습니다. 답은 정해져 있어 너는 따라와, 이른 바 '답정너' 회의가 많습니다. 회의 때 다른 의견을 냈다는 이유만으로 불평불만 많은 교사, 학교를 힘들게 하는 교사로 낙인찍히는 경우도 있습니다. 이런 이야기를 들을 때면 교사는 주어진 일을 묵묵히 해야 하는 일개미로 생각될 때가 많습니다. 교실 밖에서도 교사는 외롭습니다.

친구 만들기

A선생님이 부장교사에게 혼이 나고 있었습니다. 교직경력이 5년이 되지 않은 선생님. 아이들에게 그 누구보다 더 열정적인 선생님입니다. 슬쩍 이야기를 들어봅니다. 공문처리가 늦었다고 합니다. 몇 번이

나 제 때 하라고 알려줬는데도 하지 않았다고 합니다. 교사가 동료 교사에게 그렇게 하는 것이 이해가 되지 않았습니다. 그렇게 혼이 날 일인가 의심스럽고 이상했습니다.

그 일 이후 A선생님을 볼 때 마다 칭찬을 했습니다. 'A선생님 정말 잘하고 있어요. 멋져요. 대단합니다.' 이렇게 이야기 했습니다. 영혼이 없는 칭찬이라고 농담도 주고받았지요. 다음 해 A선생님은 6학년을 지원했습니다. 아무도 원하지 않는 학년에 선뜻 지원을 했습니다. 게다가 혼자가 아니었습니다. 비슷한 나이대의 선생님들과 뜻을 모아 함께 지원했습니다.

그해 6학년은 정말 환상이었습니다. 6학년이 중심이 되어 텃논을 가꾸고, 학교 축제를 이끌었습니다. 학부모님들과 매달 반모임을 운영했고, 그 힘으로 교사와 부모님이 수학여행 프로젝트 수업을 함께

진행했습니다. 왜 이렇게 열심히 하냐고 물어본 적이 있습니다. '잘한 다고 말해주니 정말로 잘하고 싶었다. 학년 선생님들이 힘들 때 마다 응원해주니 할 수 있었다' 고 합니다.

그렇다면 어떻게 선생님들이 학교를 민주적 만들 수 있을까요? 처음 이 질문을 받았을 때 당황했습니다. 교사가 학교를 민주적으로 만들어야 하나? 학교장의 일이 아닌가? 생각했지요. 만약 교사가 학교를 민주적으로 변화시킨다면 무엇을 통해서 할 수 있을까요? 제일 먼저 떠오른 것이 회의입니다. 학교는 회의만 잘해도 크게 변합니다. 하지만 회의시스템을 변화시킨다는 것은 어려운 일입니다. 그럴만한 권한도 없고 누군가가 나서서 해줘야할 일이라 생각하지요. 선하고 뛰어난 리더가 나타나기만을 기다릴 때가 많습니다.

쉽지 않네요. 그럼에도 불구하고 만약 누군가 '민주적인 학교문화를 위해 지금 당장 할 수 있는 방법은 무엇입니까?'라고 질문한다면 저는 '친구 만들기'라고 말하고 싶습니다. A선생님이 자기 자신과 학년, 나아가 학생들의 삶을 가꿀 수 있었던 힘은 A선생님을 지지하는 공동체가 있었기 때문입니다. 심리학에는 '3의 법칙'이라는 것이 있습니다. 세 명이 모이면 집단이라는 개념이 생기게 되고, 세 명이 하는 일에는 그럴만한 이유가 있을 것이라 믿는 일입니다.

A교사의 변화에는 뜻을 함께 하는 두 분의 선생님이 있었습니다. 피하고 싶은 일과 힘들고 괴로웠던 이야기를 나누면서 그런 힘듦이 혼자만의 문제가 아니라는 것을 알게 되었습니다. 그리고 우리가 해

결할 수 있다고 생각했습니다. 동료들이 온전히 들어주고 이해해줄 것이라는 신뢰가 있었기에 가능한 일입니다.

학교 시스템을 바꾸는 일은 쉽지 않습니다. 하지만 두 명의 친구를 만든다고 생각하면 마음이 덜 부담스럽습니다. 물론 이마저도 힘들고 어렵다는 생각이 들 때가 많습니다. 저도 그랬습니다. 앞장서야 할 때 는 괜한 오지랖은 아닐까라는 걱정도 되고 포기하고 싶은 마음이 컸 지요. 그때 누군가 이렇게 말해주면 참 고마웠습니다. '함께 하지 못하 지만 마음으로 응원해요. 선생님을 믿어요!'

지치고 포기하고 싶을 때 다시 일어설 수 있는 힘을 준 것은 마음을 열어준 동료 교사의 따뜻한 응원이었습니다. '괜찮아요. 힘내요. 함께 할게요.' 이런 연민과 공감이 우리를 친구로, 공동체로 이끌었습니다. 그리고 이렇게 만들어진 작은 공동체가 학교를 민주적인 공간으로 의 미 있게 변화시키는 모습을 자주 봅니다. 혼자가 아닌 우리라서 가능 한 일입니다.

학교 자치문화의 시작,
교직원 회의

교사자치란?

요즘 민주시민교육이 화두입니다. 없던 것이 갑자기 불쑥 나와 불편하다 여기는 분들도 있습니다. 하지만 저는 학교에서 교사가 민주시민교육을 하는 것은 당연한 것이라 말합니다. 다음은 교육기본법 제2조입니다.

> 제2조(교육이념) 교육은 홍익인간(弘益人間)의 이념 아래 모든 국민으로 하여금 인격을 도야(陶冶)하고 자주적 생활능력과 민주시민으로서 필요한 자질을 갖추게 함으로써 인간다운 삶을 영위하게 하고 민주국가의 발전과 인류공영(人類共榮)의 이상을 실현하는 데에 이바지하게 함을 목적으로 한다. – 교육기본법 제2조

교육기본법 제2조는 대한민국이라는 나라가 교육을 어떻게 생각하는지, 교육이념을 밝힌 법입니다. 이 법에 따르면 우리나라의 교육목표는 민주시민의 필요한 자질을 갖추게 하는 것입니다. 교실 수업의 최종 목표는 학생을 민주시민으로 길러내는 것이고, 민주시민교육을 한다는 것은 준법수업을 하는 것이라 할 수 있습니다.

민주시민교육을 잘하기 위해서 필요한 것은 무엇일까요? 교과서를 잘 알고 가르치는 것도 중요하겠지만 교사 스스로 민주적인 삶을 살아가야 합니다. 민주적인 삶을 살다보면, 알려주고 싶은 이야기가 생기기 마련이고 자연스레 학생들에게 그 경험이 전달될 것이라 믿기 때문입니다.

저는 '교사들이 학교에서 민주적인 삶을 함께 살아나가는 것'을 교사자치라 생각합니다. 자치는 무엇을 뜻하는 것일까요? 위키백과에 따르면 자치(自治)는 ❶ 자신에 관한 것을 ❷ 스스로 ❸ 책임지고 처리하는 것을 뜻합니다.

교사자치를 이에 견주어 풀이하면 ❶ 교사와 학교에 관한 일을 ❷ 스스로 ❸ 책임지고 처리하는 것이라 할 수 있습니다.

먼저 ❶ 교사와 학교에 관한 일은 '교육활동'과 '교육활동을 지원하기 위한 활동'으로 구분할 수 있습니다. 교사 자치의 첫 번째 키워드는 ❷ 스스로입니다. 학교의 일은 시켜서 하는 일과 스스로 하는 일이 있습니다. 시켜서 하는 일은 공문과 지침이 대표적이지요. 스스로 하는 일은 자율이라는 말로 표현됩니다. 자율은 남의 지배나 구속을 받지 아니하고 자기 스스로의 원칙에 따라 어떤 일을 하는 일, 또는 절제하는 일을 뜻합니다.*

한 마디로 '무엇을 할 것인지, 또는 하지 말 것인지'를 '선택하고 결정' 할 수 있는 상태를 말합니다. 무엇을 할 것인지, 말 것인지 선택하고 결정하는 것을 자기결정권이라고 합니다. 교사 자치의 핵심은 자기결정권을 갖는 것이라 할 수 있습니다.

어느 주말 저녁 시간이었습니다. 밥을 다 먹고 설거지를 하려는 참이었습니다. 갑자기 아내가 나에게 한 마디 합니다.

"여보 설거지 좀 해요."

그런데 이상합니다. 설거지를 하려고 일어섰는데, 아내의 설거지 하라는 말에 갑자기 하고 싶은 마음이 사라집니다. 내 뜻대로 스스로 선택한 일이 아니라 생각되었기 때문입니다. 이렇게 자기 결정권은 자발성을 이끕니다.

두 번째 키워드는 ❸ 책임입니다. 교육전문가인 교사는 권리만 주장하지 않고 책임도 함께 해야 한다는 뜻입니다. 학교에서 책임을 진다는 것은 학교 안팎에 어려운 일에 나 몰라라 하지 않고 함께 한다는 뜻입니다.

위 내용을 정리하면 교사자치란 '교육활동과 교육지원활동에 관련해서, 교사들이 무엇을 할 것인지, 혹은 하지 않을 것인지 스스로 결정

＊ 네이버 국어사전 '자율' 검색

하며, 책임을 함께 지는 것' 이라 할 수 있습니다.

교사의 의사소통 역량

교사들이 무엇을 할 것인지, 혹은 하지 않을 것인지 스스로 결정하며, 함께 책임을 지는 활동을 '회의'라 부릅니다. 결국 교사 자치를 잘하려면, 회의를 잘해야 한다는 뜻입니다.

회의는 자치의 잣대입니다. 도서『학교자치』에 따르면 '어떤 학교가 얼마나 학교 자치가 잘 이루어지고 있는가를 살필 때, 그 학교의 의사 결정 방식을 보면 알 수 있다'고 말합니다. 특히 '사익이 아닌 공익을 위한 의사결정 역량을 강조합니다. 공공의 관점을 회의의 기본 전제로 본 것입니다. 그러나 현실 속 회의에서 공공의 관점을 갖추는 것은 쉽지 않습니다.

아무리 나와 다른 생각을 가진 사람들, 다른 생활 방식을 가진 사람들을 관용해야 한다고 생각하고 있어도, 실제도 그런 생각과 삶을 자주 접해 보지 않았다면 막상 실제 상황에서 관용 정신은 쉽게 발휘되지 않는다. 이성은 관용하라 명령하지만, 감정은 어느새 경계하거나 꺼리고 심지어 혐오하는 것이다.

－ 권재원 지음＊

현실에서 나와 생각을 다른 사람과 회의를 한다는 것은 곤혹스러운 일입니다. 다름은 틀림이 아니라 관용을 하라고 하지만 경계하고 혐오까지 하는 게 현실입니다. 우리는 우리를 믿고 그냥 맡겨두면 집단지성을 발휘해 성숙한 결정을 내릴 것이라 기대를 합니다. 하지만 기대와 다르게 될 때가 많습니다. 성과급과 학년 및 업무 배정회의만 봐도 그렇습니다. 갈등이 두려워 목소리를 내지 않거나 집단 이기주의에 빠져 왜곡된 의사결정을 하는 경우도 종종 있습니다. 그래서 필요한 것이 '교육'입니다.

수영을 잘하기 위해 수영하는 법을 배우듯이 회의를 잘하기 위해서는 회의를 잘하는 방법을 배워야 합니다. 회의를 잘하고 싶다면 제대로 의사소통 하는 방법을 배울 필요가 있습니다. 민주적 회의는 우리가 노력할 때 만들어집니다.

혁신학교와 교직원회의

2009년, 경기도 교육청에서 출발한 공교육 학교의 변화 모델, 혁신학교가 전국적으로 뜨겁습니다. 혁신학교를 처음 시작할 때, 중심에 둔

---

* 권재원, 『학교가 꿈꾸는 교육, 교육이 숨쉬는 학교』, 서운재(2018), P151

것이 있습니다. 바로 '민주적 학교운영체제'입니다.

> "혁신학교"란 민주적 학교운영 체제를 기반으로 윤리적 생활공동체와
> 전문적 학습공동체를 형성하고 창의적 교육과정을 운영하여 학생들이
> 삶의 역량을 기르도록 하는 것을 목적으로 경기도교육감(이하 "교육감"
> 이라 한다)이 지정·운영하는 자율학교를 말한다.'
>
> – 경기도교육청혁신학교 운영·지원 조례 제2조

혁신학교의 시작은 민주적 학교 운영 체제를 갖추는 것에서 시작한다고 본 것입니다. 혁신학교에서 민주적 학교운영 체제는 보통 민주적 자치공동체라 불립니다. 그렇다면 민주적 학교운영체제는 어떻게 가능할까요?

> 민주적인 회의 체계를 통해 구성원들의 의견을 수렴하고 합의를 끌어내
> 전체 구성원들이 학교 비전을 설정하고 교육 목표를 함께 만들며 실천
> 하는 학교가 민주적 자치 공동체이다.
>
> – 경기도교육청, 혁신학교교육백서(2013)

'민주적 회의 체계'를 갖추는 것을 민주적 학교를 만드는 핵심이라 강조하고 있습니다. 민주적 회의가 혁신학교의 시작인 셈입니다.

교사의 꿈과 끼를 살려주려면 무엇보다 '회의'를 해야 합니다. 교사들의 말문을 트는 작업이 우선이라는 것입니다. 만날 하는 교무회의에서 첫 마디 하는데 몇 년이 걸렸냐고 물어보십시오. 제가 많은 교사들에게 질문을 했는데, 다들 적어도 10년 이상 걸렸다고 답합니다. 그거 회의 아닙니다. '지시사항 전달'입니다.

— 한겨레/ 세상읽기, 2013-07-03

사실 무늬만 혁신학교 인 곳도 종종 있는데, 정말 잘되는 혁신학교는 가보면 뭔가 다릅니다. 교장과 교사들이 회의를 할 때 정말 '계급장 떼고' 하거든요.

— 오마이뉴스/ 잘되는 혁신학교, '계급장'떼고 회의 中에서

민주적 회의는 무늬만 혁신학교와 진짜학교를 구분하는 잣대입니다. 학교 혁신의 시작은 자기 말을 하는데서 시작합니다. 혁신은 위에서 시키는 것만 할 때 완성되지 않습니다. 진짜 혁신학교를 하려면 토의와 토론이 꼭 필요합니다. 그렇다면 제대로 운영되는 혁신학교의 교직원 회의에서는 무엇을 이야기 하고 있을까요?

조현초 혁신교육의 추동력은 교사협의회의다. ○○○ 선생님은 "조현초의 힘은 교사협의회의를 통한 집단지성에서 나온다"며 협력을 통해 만들어지는 능력인 집단지성을 조현초가 주목받는 이유로 손꼽았다.

······ 〈중략〉 ······

교사협의회의는 교사 개인이 처한 문제를 해결하는 데도 힘이 된다. 경쟁사회에서는 동료교사도 성과를 놓고 경쟁해야 하는 대상이다. 그래서 학급에 문제가 생기면 덮으려 하고, 책임을 회피하려 들기 일쑤다. 조현초 교사들은 동료교사들이 함께 고민해줄 거라는 믿음에서 문제를 털어놓게 되고, 경험을 공유하게 되고, 함께 책임지게 된다. 교사 개인의 능력이 아무리 뛰어나다해도 집단의 능력을 뛰어넘을 수는 없다. '우리'는 '나'보다 똑똑하기 때문이다.

– 양평시민의 소리/ 혁신학교에서 배운다 中에서

진짜 혁신학교 회의는 교사들의 '삶'을 다루고 있습니다. 공문과 지시를 전달하는 회의가 아닌, 학교에서 발 딛고 살아가는 사람들의 이야기를 합니다. 가끔 '우리 학교 선생님들은 왜 말을 하지 않을까?' 라는 고민을 듣습니다. 저는 이렇게 생각합니다. 잘 모르고 관심 없는 이야기를 할 때 침묵을 하는 것 일뿐, 자기 삶과 관련될 때 그 누구보다 뜨겁게 이야기 하는 것이 교사입니다. 말문을 여는 교사회의의 시작은 우리의 삶을 다룰 때 가능한 일입니다.

남한초와 조현초를 비롯한 성공한 혁신학교들을 보면 그 바탕에 교사들의 '자발성'이 있었습니다. 자발성을 이끈 것은 구성원의 뜻이 반영되는 '교직원 회의'였습니다.

교사들의 의지가 학교의 의사결정에 늘 반영되는 학교, 이런 학교를 반영조직*(Reflecting Organization)이라 합니다. 남한초와 조현초가 성공할 수 있었던 이유는 교사들의 뜻이 반영되는 조직이었기 때문입니다. 혁신학교의 힘은 학교 구성원들의 뜻이 반영된 민주적 회의에서 나옵니다.

민주적 학교 회의 사례

1. 저경력 교사

저는 경력이 얼마 되지 않아요. 그래서 회의 때 말을 꺼내기가 어려워요. 혹시라도 말실수를 할까 걱정되기도 하고, 제가 잘 모르는 이야기가 많거든요. 친구들 말을 들으면 모두들 학교 회의에서 입을 다문다고 해요. 그런데 이번 학교는 다른 것 같아요. 경력이 많건, 적건 간에 모두 자기 목소리를 낼 수 있게 지원하고 응원해주세요. 동료교사로 존중 받는 느낌이 들어요. 별 이야기도 아닌데 경청해주고, 맞장구 해주시거든요. 잘한다고 격려해 주시니 정말 잘하고 싶은 마음이 생겼어요. 제가 낸 의견이 반영될 때 더 잘 지켜야겠단 생각이 들었어요. 아마 다른 선생님들도 저처럼 생각하실 것 같아요.

– 서○○초 김○○교사

---

* 반영조직은 '구성원들의 의지가 조직의 의사결정에 늘 반영되는 조직'을 말한다.
– 구기욱, 『반영조직』, KOOFA BOOKs(2016). P79

민주적인 학교 회의는 구성원들을 존중합니다. 존중받은 교사가 다시 학교를 위해 기여하고 공헌하려는 마음을 갖는 것은 당연할지도 모릅니다.

2. 고경력 교사

제가 경험한 직원회의는 거의 공문 안내와 지시 전달이 대부분이었지요. 회의라고 할 수 없었어요. 가끔 불합리한 내용이 나와도 넘어가기 일쑤였죠. 참다못해 이야기를 했을 뿐인데 회의 중간에 벌떡 벌떡 일어선다고 해서 '벌떡 교사'라고 불렸지요. 그렇게 꼬리표를 달고 다녔어요. 그런데 혁신학교에 와서 학교의 일을 우리가 스스로 결정하고, 결정한 대로 실천하니 얼마나 좋아요. 물론 처음에는 의견을 합의하는 과정이 힘들고 낯설기도 했지만 이게 정말 회의라는 생각을 자주해요. 내가 우리 학교의 주인이라는 책임감도 더 생겼어요.

– 안○○초 박○○교사

제가 정말로 좋아하는 선생님이 계십니다. 그분은 선생님들이 어려워하거나 불합리한 일이 있으면 언제든지 나섰지요. 일명 벌떡 교사였습니다. 이렇게 정의로운 분이지만 꼬리표처럼 따라다니는 말이 있었습니다. '불평불만 많은 사람', '저 사람과 같이 있으면 학교가 시끄러워'

그런 선생님께서 혁신학교에 가면서 180도 다른 평가를 받게 되었습니다. 동료 교사들의 뜻을 모아 학교의 어려운 일을 함께 해결하고 실천하는 민주적인 학교 문화로 만들었습니다. 그 학교 선생님들을 만나면 자주 하시는 말씀이 있습니다. 그것은 바로 '우리 학교'라는 말이었습니다.

단순 행정업무를 지시·전달하는 회의에서 벗어난 민주적인 회의는 교사의 삶을 변화시킵니다. 학교의 문제를 함께 해결하는 경험은 '우리 모두 학교의 주인'이라는 책임감을 높입니다.

학교 회의 문화 살펴보기

민주적 학교를 만들고, 학교를 변화시키는 교직원 회의! 이렇게 소중한 회의지만 우리의 현실은 어떤가요? 신문과 텔레비전에서 나오는 것만큼 큰 변화가 있나요? 너무 먼 나라 이야기인가요? 교사들이 학교 회의를 어떻게 생각하는지 살펴보겠습니다.

써클 맵(Circle map)*으로 바라본, 학교 회의

써클 맵은 어떤 주제에 대한 개념을 생각이나 경험을 바탕으로 정의하는 방법입니다.

 준비물

이젤패드, 포스트잇, 필기도구(마커펜, 유성매직 등)

 진행방법

① 이젤패드(전지) 가운데 원을 그립니다.

② 원안에 주제를 적습니다. – '내가 경험한 학교 회의'

③ 주제에 대해 떠오르는 경험을 적습니다. 포스트잇을 사용합니다.

    ❶ 학교 회의에서 기억에 남는 장면은 무엇인가요?

    ❷ 회의 때 많이 듣는 말과 하는 말은 무엇인가요?

    ❸ 회의 때 어떤 행동을 자주하시나요?

    ❹ 학교 회의에 대해 어떤 느낌이 드나요?

④ 이야기를 공유합니다.

⑤ 학교 회의에 대한 우리 모둠의 정의를 내립니다. –학교 회의는 ○○○이다.

---

* 써클 맵(Circle map)은 미국의 하이엘(Hyerle) 박사가 인간의 사고 유형을 8가지로 분류하여 일반화한 씽킹 맵(Thinking maps) 모형 중에 하나입니다.

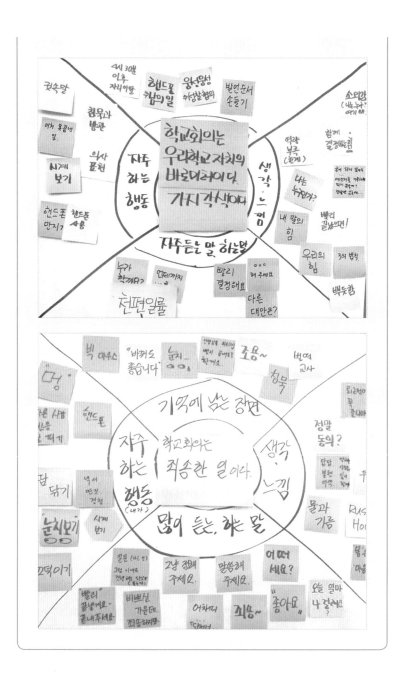

1도의 미학,
퍼실리테이션

회의는 왜 하는 것일까? 공감을 찾는 질문, Why

제가 혁신학교에서 처음 회의를 계획 할 때 가장 궁금했던 것은 방법
(What)이었습니다. '무엇을 주제로 해야 할까? 참여를 높이기 위해 무
엇을 준비해야 하지? 다른 의견이 나오면 어떻게 하지? 이 문제를 해
결해줄 방법은 무엇일까?' 등의 고민으로 가득했습니다. 최대한 학교
문제를 빠르게 해결하고 싶었기에 좋은 연수가 있다고 하면 찾아다녔
고, 새로운 방법과 기법을 쫓았습니다. 한마디로 저는 아이템을 모으
는 교사였습니다.

그러던 어느 날 한 선생님이 제게 이런 말씀을 하셨습니다. "권 선생
님, 회의는 왜 하는 건가요?" 그 순간 저는 머리를 한 대 얻어맞은 기

분이었습니다. 그 선생님의 말씀을 듣고 저는 아무 대답도 떠오르지 않았기 때문입니다.

우리는 흔히 삶에서 중요한 것은 속도가 아니라 방향이라 말합니다. 지름길이 필요한 것이 아니라 어디로 갈지 목적지를 아는 것이 중요하다는 뜻이지요. 회의도 같습니다. 좋은 회의를 위해 던져야 할 질문은 방법(what)이 아니라 방향(why)입니다.

사이먼 사이넥은, 자신의 책 『나는 왜 이 일을 하는가』에서 어떤 일을 할 때 왜(Why)라는 질문이 주는 이로움에 대해 말합니다. 뛰어난 리더들은 왜(why)라는 질문을 통해 그 일을 하는 이유와 신념을 찾는 사람들이라 강조하고 있지요. 그럼 우리도 Why 질문을 통해 회의를 왜 하는지 이유와 신념을 찾아보겠습니다.

꼬리질문법 (5Whys)

꼬리질문법은 왜라는 질문을 꼬리를 물듯이 반복함으로써 문제의 근본 원인을 파악하는 방법입니다.

꼬리 질문법 예시)

① **문제: 철수의 지각** – 왜 철수가 지각을 할까요?

② **핸드폰 알람이 울리지 않았습니다.** – 왜 핸드폰 알람이 울리지 않았나요?

③ **핸드폰 배터리가 방전되었습니다.** – 왜 핸드폰 배터리가 방전되었나요?

④ **밤새 게임을 했기 때문입니다.** – 왜 철수가 밤새 게임을 했나요?

⑤ **부모님이 밤에 일하시느라 철수 혼자 있기 때문입니다.**

➡ 철수의 지각은 밤에 부모님 없이 혼자 있기 때문이다.

철수가 지각하는 근본 원인은 한 밤중에 부모님이 없기 때문입니다. 겉으로 드러난 문제는 지각이지만만 근본적인 원인은 밤에 혼자 있기 때문이었습니다. 원인이 다르면 해결방법도 달라집니다. '어떻게 하면 지각을 하지 않게 할까?'에서 '어떻게 하면 밤에 돌봄이 가능할까?'로 관점이 바뀌게 됩니다. 꼬리 질문법은 문제의 근본 원인을 찾아 제대로 해결할 수 있도록 돕는 방법입니다.

꼬리 질문법

꼬리 질문법
왜?'라는 질문을 꼬리에 꼬리를 물듯이 반복함으로써 문제의 근본 원인을 파악하는 방법

	● 주제 및 문제 상황 - 철수의 지각	
1	왜 철수가 지각을 할까요?	핸드폰 알람이 울리지 않았습니다.
2	왜 핸드폰 알람이 울리지 않나요?	핸드폰 배터리가 방전되었습니다.
3	왜 핸드폰 배터리가 방전되었나요?	밤새 게임을 했기 때문입니다.
4	왜 철수가 밤새 게임을 했나요?	부모님이 밤에 일하시느라 철수 혼자 있기 때문입니다.
5	철수가 지각하는 진짜 이유는 밤에 부모님 없이 혼자 있기 때문이다.	

	● 학교의 회의	
1	왜 학교에서 회의를 할까요?	
2		
3		
4		
5		

우리가 꿈꾸는 학교 회의

선생님들은 어떤 회의를 꿈꾸시나요? 이 질문을 받으면 쉽게 답하기 어렵습니다. 선생님 마다 꿈꾸는 회의에 대한 생각이 다르기 때문입니다. 이렇게 다양한 경험이나 복잡한 상황을 설명할 때 효과적인 방법이 그림으로 생각하는 '비주얼씽킹' 기법입니다.

비주얼씽킹(visual Thinking)이란?

비주얼 씽킹은 이미지로 생각하는 모든 방법을 말합니다. 정보나 생각을 그림과 단어, 문장 등을 사용해서 이미지로 표현하는 것입니다. 이미지로 의사소통하는 것이면 모두 비주얼 씽킹이라 할 수 있습니다.*말 그대로 눈으로 보는 생각입니다. 복잡한 문제나 상황을 그림으로 표현함으로써 직관적으로 파악하는 Rich picture다.** 가 대표적입니다.

 준비물

A4종이, 색연필

 진행방법

① 주제를 확인 합니다. – '꿈꾸는 학교 회의'
② 꿈꾸는 회의를 이미지, 글(단어, 문장), 화살표, 컬러 등으로 표현합니다.
③ 자신의 그림을 설명합니다. 모둠의 생각을 공유합니다.
④ 우리가 꿈꾸는 회의의 공통점을 찾아 핵심 키워드로 정리합니다. (예: 배려, 존중, 경청)

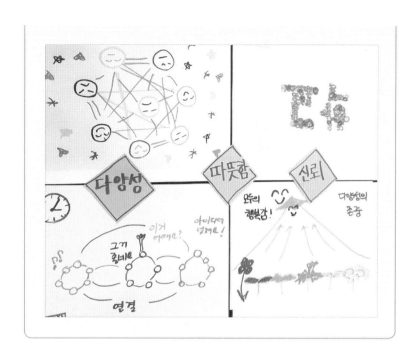

선생님들은 어떤 회의를 꿈꾸셨나요? 다음은 '경기도 혁신학교 아카데미 전문가과정 3기' 선생님들이 생각하는 좋은 회의의 조건입니다.

* 정문성, 『토의 토론 방법 84』, 교육과학사(2017)

** 위키피디아 'Rich Picture' 검색: 복잡하거나 정의하기 어려운 문제에 대해 자세히 표현함으로써 문제의 구조를 파악하는 방법입니다.

① **회의 안건은 교육활동이 중심**이 되어야 한다. 회의 주제(안건)는 사전에 충분히 안내되어야 하며, 참여자들이 회의 주제(안건)에 대한 문제의식을 공감하고 있어야 한다.

② **민주적**으로 운영될 수 있는 **회의시스템**이 있어야 한다. 서로 만나서 이야기하고 싶은 마음이 들게 하는 **기분 좋은 만남**이 있는 회의여야 하며, 모든 교사가 편안하게 말할 수 있는 **문화와 구조**가 되어야 한다.

③ **평등한 관계**가 필요하다. 참여한 선생님들이 침묵하지 않고 모두가 회의에 참여하여야 하고, 다른 의견에 대해서도 충분히 **수용적인 분위기**가 되어야 한다.

④ 의사 결정 구조 자체가 민주적이어야 하고, 시간에 쫓겨서 거수로 결정하지 말고 **충분한 논의 과정을 통해 결정**이 내려져야 한다.

현실 속 학교 회의

우리는 좋은 회의를 꿈꿉니다. 모두가 자유롭게 이야기하고 편견 없이 의견을 받아들이기를 기대합니다. 하지만 현실에서 회의는 어떤지 다시 생각해 볼 필요가 있습니다. 교육활동이 중심이 되고 있는지, 평등한 관계에서 의사결정을 하고 있는지, 혹시 시간에 쫓겨 매일 같은 결정만 내리고 있지는 않은지. 가장 중요한 것은 서로 만나서 이야기하고 싶은 마음이 드는지에 대한 나의 마음입니다.

안녕하세요. ○○○에 근무하고 있는 초등교사입니다. 저는 학교 안에서 소통은 중요하다고 생각합니다. 하지만 우리 학교 회의는 소통이 아닌 일방적인 '전달'입니다. 오늘도 일이 벌어졌지요. 운동회가 2주일도 남지 않았는데 교장 선생님께서 갑자기 전체 운동회로 운영하라고 하십니다. 몇 년 째 학년별 운동회로 진행해 왔는데 이렇게 급하게 바꾸는 것은 문제가 있다고 말씀드렸지요.

교장 선생님께서 버럭 화를 내십니다. '김 선생님은 왜 그렇게 불만이 많으냐? 그냥 쉽게 넘어가는 게 없다. 아주 힘들다.'고 합니다. 갑자기 제가 학교 부적응 교사가 된 것 같아 속이 상합니다. 답은 정해져 있고, 저희는 그냥 따라가야 하는, 이런 형식이라면 굳이 왜 모여서 회의를 하는 것인지 모르겠어요.

- ○○○북에 올라온 김○○ 선생님의 글

'답은 정해져 있어, 너는 그냥 따라와!' 흔히 답.정.너 회의라 부르는 회의에서 감히 자기 이야기를 했다고 한 소리 들은 선생님의 이야기입니다. 이런 이야기를 들으면 문득 슬퍼집니다. 학교 회의에서 겪는 갈등과 고민이 그저 한 사람의 문제만은 아니기 때문입니다.

그리고 많은 교사들이 때론 너무 많은 회의에 지치기도 합니다.

▨ 피곤한 회의, 소통은 부족* ▨

제가 요즘에 읽고 있는 책이 '회의하다 망한다'예요. 회의가 많다 보니까 모든 사람들이 엄청 피로해 지는 거에요. 그런 피로가 모두 있어요. (교사2)
길어지는 회의는 피곤하다. 어떤 문제에 대해서는 결론을 내기 어렵기도 하고 오랜 시간 토론 끝에 내린 결론을 교장이 반대하는 경우 교사들이 회의에 대해 반감을 가지게 하는 원인이 되기도 한다. 또한 다수가 모인 회의에서 회의하는 방식이 민주적이지 못하면 자신의 의견은 표현하지도 못하고 목소리 큰 사람들의 지루한 논쟁만 지켜보게 된다. 회의에 피곤함을 느낀 교사들은 불만이 있어도 참고 지내는 편이 낫다는 생각을 하게 되고, "회의하지 말고 차라리 알아서 결정해 달라"고 한다.

위의 이야기는 시작하는 혁신학교에서 공통적으로 겪는 일이 아닐까요? 너무 많은 회의에 지쳐서 '회의하지 말고 알아서 결정해 달라'고 까지 하지요. 이쯤에서 우리는 딜레마에 빠집니다.

'회의를 하지 않으면 불통이라 하고, 또 한 번해보려고 하면 피곤하다고 알아서 결정하라.'고 말을 합니다. 만약 선생님이라면 어떻게 해야 할까요? 쉽지 않은 일입니다.

다음은 2017년, 학교 회의에 대한 설문조사 결과입니다.

---

* 윤정, 김병찬, 『학교혁신에 참여하게 된 교사들의 갈등에 관한 연구』, 교육행정학 연구(2016), P235

그럼 지금부터 퀴즈를 내보겠습니다. 이 설문조사의 대상은 누구일까요? 혁신부장? 신규교사? 부장교사? 이 설문조사는 2017년 수원교육지원청에서 '초중등 혁신공감학교 교감선생님'들을 대상으로 한 설문조사 결과입니다. 놀랍지 않나요? 교감선생님들이 우리와 같은 생각을 하고 있다니!

우리는 이런 편견을 가지고 있습니다. '학교 관리자들은 우리와 다를 것이다.' 미리 판단합니다. 우리가 일반교사일 때 부장교사와 학교 관리자에게 바라는 것은 무엇인가요? '제 말 좀 들어주세요.'가 아닌가요? 반대로 부장교사나 학교 관리자일 때 교사들에게 바라는 것은 무엇인가요? '제발 이야기 좀 해주세요.'입니다. 결국 우리가 바라는 것은 소통입니다. 늘 우리는 한 마음이었습니다.

* 수원교육지원청(2017). 초중등혁신공감학교 교감 직무연수 사전 설문조사

퍼실리테이션이란?

우리는 다름이 틀림이 아니라고 이야기 합니다. 책에서 그렇게 배워왔고 가르치기 때문이죠. 하지만 현실은 어떤가요? 머리로는 다름은 틀림이 아니라고 하지만 존재만으로도 나를 힘들게 하는 사람이 있습니다.

우리는 선입관으로 상대를 재단할 때가 많습니다. '학교 관리자는 저럴 거야', '저 교사는 나와 다른 사람이야' 이렇게 쉽게 선을 쉽게 긋습니다. 소통의 시작은 서로를 이해하는 것에서부터 시작됩니다. 그럼 얼마나 우리가 서로를 이해하는지 알아보도록 하겠습니다.

DISC 검사

사람의 성격을 '외향, 내향', '사람, 일'로 구분하여 4가지 유형으로 나타내는 성격 검사입니다.

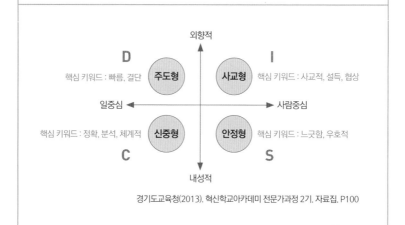

경기도교육청(2013). 혁신학교아카데미 전문가과정 2기. 자료집. P100

준비물

휴대폰

 진행방법

① http://disc.aiselftest.com/selftest.html

② DISC 성격유형 검사를 진행합니다.

③ DISC 유형별 모입니다. (D:주도형, I:사교형, S:안정형 C: 신중형)

④ 유형별 성격의 장점과 약점을 정리합니다. T차트를 활용합니다.

⑤ 우리가 함께 일하기 힘든 유형은 무엇인지 이야기 합니다.

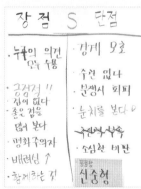

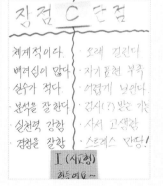

검사 결과, 저는 D유형이었습니다. 저의 장점은 사람들을 편하게 만나고 모임을 쉽게 만든다는 것입니다. 작년에 했던 모임만 따져 보니 6개였습니다. 그 중에 대표를 맡은 게 4개였지요. 하지만 이렇게 일을 벌이다 보니 이런 비판을 듣곤 합니다. "일을 만들었으면 마무리를 잘 해야지. 디테일에 너무 약해!"

그런데 곰곰이 생각해보면 이렇습니다. 저의 약점, 디테일이 약하다는 누군가의 장점입니다. 나의 약점은 다른 사람의 장점으로 극복할 수 있다는 뜻이지요. 이렇게 서로의 장점과 약점을 연결하여 시너지를 만드는 활동을 퍼실리테이션이라 합니다.

퍼실리테이션 개념에 대해 좀 더 자세히 알아보도록 하겠습니다. 다음은 퍼실리테이션 개념에 대한 선행 연구 자료입니다.

◤ 퍼실리테이션 개념에 대한 선행 연구* ◢		
연구자	연구주제(책)	연구내용
이영석(2009; 정연수. 2013 에서 재인용)	퍼실리테이션의개요 (Facilitation overview).	일을 쉽게 하도록 행동이나 과정을 촉진하는 사전적인 의미이다. 중립적인 위치에서 집단 활동 프로세스에 관여하여 팀의 목적을 효과적으로 달성할 수 있도록 촉진하고 지원하는 행위이다.
Roger (2002)	퍼실리테이션 스킬 (The skilled facilitator)	퍼실리테이션 정의를 협의와 광의의 개념으로 구분해야 한다. 협의 개념에서는 팀 내에서 미팅과 워크숍 등 회의를 효과적으로 진행하기 위한 활동이다. 광의 개념에서는 당면한 문제를 효과적으로 해결하고, 팀 성과를 창출하도록 팀을 활성화하도록 촉진하고 지원하는 활동이다.

Ingrid Besns (2006)	**퍼실리테이션 쉽게 하기**	구속을 하거나, 지배하지 않으면서 리더십을 발휘하는 것이다. 다른 사람들이 책임감을 지고 어떤 일을 수행할 수 있도록 돕는 활동이다.
후리 기미토시 (2014)	**퍼실리테이션 테크닉 365**	집단에 의한 문제해결, 아이디어 창출, 합의 형성, 교육-학습, 변혁, 자기표현 등의 모든 지식 창조 활동을 지원하고 촉진하는 활동이다. 좀 더 구체적으로 중립적 입장에서 프로세스를 관리하고 팀워크를 이끌어내어, 최대한의 성과를 얻을 수 있도록 지원하는 것이다.
채홍미·주현희 (2014)	**소통을 디자인하는 리더 퍼실리테이터 (개정판).**	공통의 목적으로 모인 사람들이 함께 참여하며 시너지를 내고 목표했던 결과를 쉽게 만들어 낼 수 있도록 돕는 것이다. 일을 쉽게 하도록 촉진시키는 의미로, 사람들 사이의 집단 의사소통을 돕는 활동이다.
구기욱 (2014)	**쿠퍼실리테이션 INITIATIVE**	회의 또는 워크숍을 잘 되게 돕는 것이다. 회의 본연의 기능을 못한체 불편하고 비효율적인 방식을 개선하는 일련의 활동을 모든 사람의 의견이 동등하게 실현되도록 하는 것이 퍼실리테이션이다.
샘케이너 (2017)	**민주적 결정방법론**	사람들이 온전하게 참여하여 다양한 관점을 이해하고 함께 문제에 대한 해법을 찾도록 돕는 것이다.

＊ 권재우, 『퍼실리테이션을 활용한 혁신학교 콘퍼런스 운영을 통한 양평 혁신학교 네트워크 활성화 방안』, 건국대학교 대학원(2018)

위의 선행연구를 분석한 퍼실리테이션의 핵심 단어는 '집단, 문제해결, 합의, 중립성, 촉진'입니다. 이를 종합하면 퍼실리테이션은 '집단이, 문제를 해결하고, 합의할 수 있도록, 중립적 입장에서, 의사소통을 촉진하는 활동'이라 할 수 있습니다.

1도의 미학(美學), 퍼실리테이션

저는 퍼실리테이션을 1도의 미학이라 부릅니다. 제가 처음으로 혁신학교에 갔을 때 일입니다. 현장에 계신 모든 분들이 뛰어난 재능과 열정을 가진 교사들로 넘쳐 났지요. 온도로 따지면 99도와 같은 분들이었습니다. 1도만 있으면 금방 끓을 것 같은 열정적인 분들이었지요.

그런데 이상한 일들이 벌어졌습니다. 그렇게 뜨거운 분들이 모이기만 하면 못 잡아먹어서 안달이었지요. 서로가 가진 수많은 장점을 보기 보다는 단 하나의 단점만 보았습니다. 그리고 이렇게 말하곤 했습니다. '저 사람과는 함께 할 수 없어.' 안타까웠습니다. 단 하나의 다름 때문에 수많은 것을 포기해야 했습니다. 다름은 틀림이 아니라고 말하지만 현실은 냉혹했습니다. 제가 퍼실리테이션이라는 것을 공부하게 된 이유기도 합니다.

제가 생각하는 퍼실리테이션은 99도의 뜨거운 마음을 가진 선생님들이 100도가 되어 끓을 수 있도록 부족한 1도를 찾아 연결해주는 일입니다. 저는 일 추진과 결정이 빠르지만, 세부적인 디테일이 약합니다. 하지만 곰곰이 생각해보면 저의 단점은 누군가의 장점입니다. 이렇게 각자의 다름을 인정하고 도움이 될 수 있도록 연결하는 일. 그렇게 함으로써 '우리는 하나다'라는 신뢰를 쌓는 일. 그것을 저는 퍼실리테이션이라 믿고 있습니다. 제게 있어 퍼실리테이션은 1도의 미학입니다.

학교를 개선하는 리더,
퍼실리테이터

퍼실리테이터 역할

퍼실리테이션은 '집단이, 문제를 해결하고, 합의할 수 있도록, 중립적 입장에서, 의사소통을 촉진하는 활동' 입니다. 퍼실리테이터는 이런 역할을 하는 사람입니다. 그렇다면 퍼실리테이터의 역할은 무엇일까요?

▨ 퍼실리테이터 역할 선행연구* ▨		
연구자	연구주제(책)	연구내용
Ingrid Besns (2006)	퍼실리테이션 쉽게 하기	말에게 물을 주는 것이 아니라 물가로 인도하는 사람이 정의한다. 해결책을 직접 가르쳐주는 것이 아니라, 스스로 답을 찾아내도록 방향을 제시해주는 것이라 한다.
호리 기미토시 (2014)	퍼실리테이션 테크닉 365	퍼실리테이터를 리더도 사회자도 아니라고 말한다. 퍼실리테이터의 업무는 어떠한 목적(과제)을 위하여 어떤 사람을 모아 어떤 논의를 해야 하는가라는 회의를 디자인을 하는 것이라 한다. 즉 콘텐츠(What)에는 관여하지 않고, 프로세스(How)를 관장함으로써 팀이 도출할 수 있는 최대의 성과를 이끌어 내는 것이라 한다.
채홍미 (2014)	소통을 디자인하는 리더 퍼실리테이터 (개정판).	회의, 포럼, 콘퍼런스, 워크숍, 강의 등에서 사람들이 함께 정보를 공유하고 해답을 찾거나 계획을 세우고자 할 때, 그 과정을 돕는 활동으로서 역할을 수행하는 사람을 퍼실리테이터라고 이야기 한다.
샘케이너 (2017)	민주적 결정방법론	퍼실리테이터는 그룹과 조직을 더 효과적으로 협업하게 하고 시너지를 만들어 내어 일할 수 있는 사람이라 정의한다. 퍼실리테이터는 한쪽 편을 들거나 특정 관점을 표현 옹호하지 않으며, 그룹이 일을 완수 할 수 있도록 공정하고 포괄적이면서 열린 절차를 옹호해야 한다고 말한다. 한 마디로 중립적인 입장을 취해야 한다고 강조한다.
Roger (2002)	퍼실리테이션 스킬 (The skilled facilitator)	중립적 입장에서 팀 의사결정과 프로세스를 관리하고 팀워크를 이끌어, 최대한의 성과를 낼 수 있도록 지원하고 촉진하는 사람이다.

* 권재우, 『퍼실리테이션을 활용한 혁신학교 콘퍼런스 운영을 통한 양평 혁신학교 네트워크 활성화 방안』, 건국대학교 대학원(2018)

위의 선행연구 분석한 퍼실리테이터 역할에 대한 핵심 단어는 '협업, 중립, 프로세스'입니다. 퍼실리테이터는 '집단이 협업할 수 있도록 중립적 입장에서 프로세스를 관리' 하는 사람이라 할 수 있습니다.

퍼실리테이터에게 중립성이란?

퍼실리테이션의 개념과 퍼실리테이터의 역할에서 공통으로 들어간 단어가 있습니다. 바로 중립입니다. 퍼실리테이션에서 말하는 중립이란 무엇일까요? 언제 우리는 회의가 중립적이지 않다고 생각할까요?

우리 학교는 학예회를 학생 동아리별로 진행하고 있습니다. 보여주기 위한 학예회가 아니라 평소의 모습을 보여주자는 취지로 몇 해 째 진행해왔지요. 그런데 오늘 오후에 예정에도 없던 학예회 회의가 열렸어요. 안건은 반별 작품 전시였습니다. 선생님 모두 부담스러워 하셨어요. '학예회가 일주일도 남지 않았는데 갑자기 작품을 내라고 하면 어떻게 하냐, 보여주기 행사로 다시 돌아가는 것 아니냐?'고 걱정하셨지요.

"반대하시는 선생님들 말고, 아무 말씀도 하지 않는 선생님 의견도 들어봐야죠. 연구 부장 선생님께서도 말씀해보세요." 교장선생님께서 갑자기 연구부장 선생님에게 의견을 묻습니다. 마이크를 받은 연구부장 선생님은 어떤 말을 해야 할지 난감해 하셨습니다. 이때 교장 선생님께서

한 말씀 하십니다. "어차피 고생하는 학예회인데 반별 작품도 했으면 좋지 않아요?"

"교장 선생님의 뜻도 있으니 이번에는 작품 전시회를 해도 좋을 것 같습니다."

연구부장 선생님이 작은 목소리로 말씀하십니다. 교장 선생님께서 다른 선생님들 의견은 어떤 묻습니다. '아! 어차피 교장 선생님의 마음에는 답이 있구나!' 이런 생각이 들자 모두들 침묵하기 시작했습니다. 결국 원하시는 대로 회의가 끝났지요. 이미 교장선생님 마음속에 답이 정해져 있는데 굳이 왜 회의를 하자고 하신 걸까요?

우리는 회의 결과가 정해져 있다고 생각할 때, 그 회의를 중립적이지 못하다고 판단합니다. 회의가 중립적이지 않다고 생각하면 침묵하게 되는 것이지요. '어차피 답은 정해져 있는데 굳이 말을 해야 해?'라고 마음먹고 리더들이 무엇을 선호하는지 알게 되면 우리의 사고는 자연스레 경직됩니다. '아! 원하는 답이 저거구나.' 라고 생각하게 되는 것이지요. 집단 사고를 하게 되는 것입니다.

학교의 회의 구조를 보면 크게 절차와 내용으로 구분할 수 있습니다. 회의절차는 회의 운영 시간과 의사결정방법, 마무리 방법 등의 프로세스(Process)와 관련 된 것입니다. 회의 내용은 구성원들이 토의와 토론을 통해 결정하는 콘텐츠(Contents)를 말합니다.

학교 에서 퍼실리테이터가 중립을 지킨다는 것은 회의 진행자로 절차(Process)는 책임지고, 내용(Contents)은 학교 구성원들이 스스로 결정하도록 돕는 것을 의미합니다. 회의의 시작과 끝, 마무리, 발언 시간과 횟수 등의 절차와 관련된 내용은 회의 진행자로 책임감 있게 운영하고, 회의 구성원들이 함께 토의·토론한 내용에 대해 구성원들의 뜻을 믿고 따르는 것입니다.

하지만 회의에서 중립을 지킨다는 것은 쉽지 않습니다. 제가 리더 교사로 학교에서 회의를 진행했을 때 구성원들이 함께 결정한 내용이 나의 생각과 전혀 다르거나, 부족해 보일 때가 많았습니다. 조바심이 났습니다. 내가 원하는 답이 나올 때 까지 유도질문을 하는 일이 많았습니다. 나와 반대되는 교사들의 발언 시간과 횟수를 제 마음대로 줄이기도 했지요.

퍼실리테이터로서 중립을 지키지 못한 결과는 혹독했습니다. 구성원들이 회의를 신뢰하지 않았습니다. 제가 진행하는 회의는 숨어진 '의도'가 있다고 생각하게 된 것입니다. 아무도 회의결과를 실천하지 않았습니다. 다시 신뢰를 쌓기까지 긴 시간과 큰 노력이 필요했습니다. '회의 절차는 책임지고, 내용은 구성원들을 믿는다' 즉 중립은 퍼실리테이터로서 늘 마음에 담아두어야 할 단어입니다.

학교를 개선하는 교사

도서 『학교를 개선하는 교사』에 보면 미디움웨어(mediumware)라는 말이 있습니다. 미디움은 '중간, 매개'를 뜻합니다.

> 미디움 웨어는 미디움(매체, 매개, 중간)이라는 단어에 합의 되어 있는 바와 같이 하드웨어와 소프트웨어가 잘 작동할 수 있도록 그 중간에서 이 둘을 연결해주고 이어주는 매체 역할을 하는 요인입니다. (중략)추운 겨울 날 야외에서 불을 만들기 위해서는 낙엽과 고목(하드웨어), 그리고 불씨를 만들 부싯돌(소프트웨어)만 준비한다고 되는 것이 아닙니다. 이들이 작용될 수 있도록 산소, 즉 "공기"가 있어야만 하는 것입니다.*

미디움웨어의 대표적인 사례가 애플의 '앱스토어'입니다. 아이폰이라는 하드웨어 자체만을 보면, 안드로이드 폰과 큰 차이가 없습니다. 사람들이 아이폰에 열광하는 이유에는 아이폰에 최적화된 '앱'이라는 소프트웨어 때문입니다. 아이폰이라는 하드웨어와 앱이라는 소프트웨어를 연결하는 매개가 애플의 '앱스토어'입니다. 앱스토어는 미디움웨어입니다. 아이폰이 잘 활용될 수 있도록 운영생태계를 풍부하게 합니다.

---

* 마이클 폴란, 앤디 하그라스, 『학교를 개선하는 교사』, 무지개사(2006)

그렇다면 교사자치에서 미디움웨어는 무엇일까요? 바로 퍼실리테이터입니다. 학교회의는 회의 시스템이라는 하드웨어와 토의·토론이라는 소프트웨어로 구분할 수 있습니다. 퍼실리테이터는 회의시스템 안에서 교사들이 심리적으로 안전하고, 자유롭게 토의와 토론을 할 수 있도록 돕는 매개 역할을 합니다.

교사자치에서 미디움웨어

회의 시스템 (Hardware)

- 회의 운영 시간
- 의사결정방법
- 마무리 방법 등

퍼실리테이터

회의 내용 (Software)

- 구성원의 삶과 이야기
- 토의와 토론을 통한 협의내용 등

미디움웨어는 학교의 문화를 만드는 사람입니다. 교사로 하여금 수업을 개선하고, 학교를 개선하고자 하는 강력한 바램을 불러으키며, 그 같은 바람을 실천에 옮길 수 있도록 끌어주고 격려해주는 학교의 '분위기'와 동료들의 '태도'가 필요한 것입니다.*

---

* 마이클 폴란, 앤디 하그라스, 『학교를 개선하는 교사』, 무지개사(2006)

퍼실리테이터가 된다는 것은 단순히 학교회의의 진행자가 된다는 것을 의미하지 않습니다. 퍼실리테이터는 절차는 책임지고, 내용은 관여하지 않는다는 중립성을 통해 신뢰하는 분위기와 서로를 지지하는 학교 문화를 만듭니다. 학교에서 이런 역할을 하는 사람을 우리는 '리더'라고 부릅니다.

퍼실리테이터는 학교 문화를 만드는 사람입니다. 교사로 하여금 수업을 개선하고 학교를 개선하고자 하는 강력한 바람을 일으킵니다. 실천에 옮길 수 있도록 끌어주고 격려해 주는 학교 분위기와 동료들의 태도를 이끕니다. 퍼실리테이터가 되겠다는 것은 학교를 개선하는 리더로 거듭나겠다는 의미인 셈입니다.

퍼실리테이션 사례

계란판 학교, 사일로 효과

다음 페이지 위의 왼쪽 사진이 무엇인지 아시나요? 맞습니다. 계란판입니다. 계란판 속 계란은 서로 섞이면 안 됩니다. 단독으로 온전히 있을 때 상품 가치가 있는 것이지요. 계란판은 학교 안의 개인주의를 설명할 때 자주 이용됩니다. 학년과 교과로 나누어 자신들의 이익만을 생각하는 모습을 '계란판 학교'라고 합니다.

혹시 오른쪽 사진을 보신 적이 있나요? 네 맞습니다. 곡식과 사료를

저장해 두는 굴뚝 모양의 창고이죠. 사일로라고 부릅니다. 경영학 용어로 '사일로 효과'라는 것이 있습니다. 조직 구성원들이 서로 다른 팀과 담을 쌓고 내부 이익만을 추구하는 현상을 사일로 효과라고 부르지요. '계란판 학교'와 '사일로 효과'는 학교안 집단주의를 뜻합니다.

우리는 집단은 성숙한 결정을 내릴 것이라 기대합니다. 하지만 현실은 어떨까요? 우리는 무언가를 잘하기 위해 협동을 하지만 때론 뭔가를 잘하지 않기 위해서도 협동을 합니다. 공공의 관점이 아닌 우리 학년, 우리 교과의 관점에서만 주장할 때가 있습니다. 집단주의로 대표되는 왜곡된 협동을 하는 것이지요.

2017년 일입니다. 지역센터로 파견 나간 김 선생님의 연락을 받았습니다. 선생님은 혁신학교에 있으면서 소통하고 공감하는 학교 문화를 만들기 위해 애를 많이 쓰셨습니다. 그러다 학교를 넘어 지역을 위해 애써보자는 마음으로 지역센터에 파견 신청을 하게 된 것입니다.

지역센터는 여러 가지 어려움을 겪고 있었습니다. 5개의 팀으로 운영되고 있었는데 교육적 사업들에 대해 집단주의가 종종 벌어지곤 했습니다. 이것을 왜 우리 팀에서 해야 하느냐? 우리 일이 아니라고 서로일을 미루는 사이 필요한 일들이 탁구공처럼 여기저기로 떠 넘겨졌습니다. 그러다 마지막에는 마음 약한 사람이 도맡게 되는 경우가 많았습니다.

김 선생님께서 저에게 부탁하신 것은 하나였습니다. 구성원들이 우리 팀만의 관점이 아니라, ○○센터 전체 입장에서 함께 바라봤으면 좋겠다는 것이었습니다.

제가 워크숍을 의뢰 받고 제일 먼저 한 일은 센터가 어떤 곳인지 알아보기 위한 면담이었습니다. 면담을 하고 나니 지역센터 구성원들이 이해가 되었습니다. 비정규직으로 1년 단위로 고용 계약을 하는데, 계약이 연장되기 위해서는 실수가 없어야 했습니다. 새롭게 뭔가를 하기 보다는 해왔던 것을 더 선호할 수밖에 없었지요. 자신들도 잘 해보고 싶은데 한계가 있다고 말씀하셨습니다.

팀 학습을 촉진하는 질문

체스터 어빙 바너드는 조직이론 분야의 선구적 이론을 수립한 인물입니다. 바너드는 조직의 3요소를 공헌욕구, 공통목적, 의사소통으로 정의하고 있습니다. 『문제해결을 위한 퍼실리테이션의 기술』이라는 책에서는 조직의 3요소를 자극하면 팀 활동이 촉진된다고 주장합니다.

저도 이 세 가지 관점으로 지역센터 워크숍을 디자인했습니다.

❶ 공헌욕구 - 센터에서 가장 기억에 남는 순간은?

우리는 언제 잘해 보려는 마음이 생기나요? 사마천의 사기 '자객열전'에 보면 선비는 자신을 알아주는 사람을 위해 목숨을 바친다고 합니다. 저도 그랬던 것 같습니다. 힘들고 지칠 때, 저를 다시 일으켜 세워준 것은 저를 알아주는 동료들의 '인정과 격려'였습니다.

지역센터 구성원들도 같을 거라 생각했습니다. 누군가 자신를 알아줄 때 지역센터를 위해 잘해보려는 마음이 생길 것이라 생각했지요. 하지만 어떻게 인정의 말을 이끌 수 있을까 고민이 되었습니다. 보이지 않는 갈등이 있는 조직인데 갑자기 '서로 잘한 점을 인정하고 칭찬해보세요' 라고 하면 역효과가 날 것이 뻔했기 때문입니다. 한참을 고민을 하다 문득 생각이 들었습니다. '스스로를 인정하자! 서로를 인정하기 힘들다면 스스로 내가 잘한 것이 무엇인지 찾아보자' 라고 말입니다. 그래서 제가 던진 첫 질문은 '작년에 센터에서 가장 기억에 남는 순간은 언제입니까?'이었습니다. 지역센터에 있으면서 잘한 일이 무엇인지 물어본 것이죠.

모두들 갸우뚱 하십니다. 이런 것도 잘 한 일이냐 묻습니다. 이 정도는 남들에게 자랑하기 부끄럽다 하십니다. 그래서 남들의 평가가 중요한 게 아니라 말씀드렸습니다. 그렇게 한 분씩 자기가 애쓰고 노력한 것을 나누었지요. 듣는 분들에게는 칭찬과 격려를 부탁드렸습니다. 이야기가 진행될수록 참여하신 분들의 얼굴이 밝아집니다.

우리는 누군가가 나를 알아줄 때 더 잘해보려 애쓰입니다. 인정의 힘이죠. 나도 쓸모 있는 사람이구나. 자존감을 갖게 됩니다. 소통은 자기이야기, '삶'에서 시작될 때 더 빛이 납니다.

ⓠ 공통목적– 어떤 센터를 꿈꾸시나요?

공통의 목적을 다른 말로 표현한다면 비전이라 할 수 있습니다. 비전은 우리가 나아가고자 하는 목적지이며 함께 꾸는 꿈이라 할 수 있습니다. 두 번째로 제가 던진 질문은 '2017년 어떤 센터를 꿈꾸시나요?' 입니다. 위에서 아래로의 비전이 아니라, 구성원들이 함께 꿈꾸고 바라는 모습이 무엇인지 물어 본 것입니다.

꿈꾸는 모습을 그림으로 표현하도록 했습니다. 꿈꾸는 센터에 있으면 하는 것들과 그 속에서 우리의 삶은 어떻게 될지 이야기 나누었지

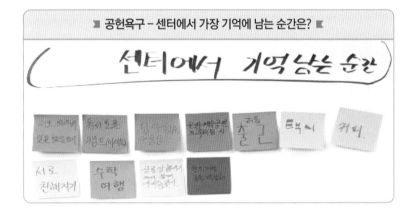

■ 공통목적- 어떤 센터를 꿈꾸시나요? ■

요. 그리고 함께 나눈 이야기 속에서 핵심단어를 선정했습니다. 지역 센터가 뽑은 비전은 '행복, 사랑, 공동체'입니다. 공통의 목적을 찾은 것입니다. 지역 센터의 의미를 찾은 것입니다.

Q 의사소통을 위한 3무(無) 3행(行)

의사소통을 잘하기 위해 필요한 것은 무엇일까요? 저는 의사소통을 방해하는 힘과 돕는 힘을 잘 아는 것이라 생각합니다. 방해하는 힘은 줄이고, 돕는 힘은 북돋우면 될 것이라 믿었습니다. 그래서 센터에서 하지 말아야 할 3무(無)와 해야 할 3(行)을 정하는 활동을 했습니다.

3무(無)는 '고집, 권위주위, 공유되지 않는 규정 강요'가 해야 할 3행

(行)은 '비전공유, 경청, 배려'로 정해졌습니다. 지역센터에서는 이 부분이 참 중요하다고 생각했습니다. 그래서 TF팀을 통해 공동체 약속을 좀 더 구체화하기로 했지요. 다음은 지역센터에서 함께 만든 약속입니다.

▌ ○○지역센터 회의 규칙 ▌

① 센터의 존립 목적을 명확히 하고, 비전에 대해 공감하고, 공유합니다.
② 결론을 정해 놓지 말고 듣습니다.
③ 상대방에 관심을 갖고 이해해요.
④ 감정을 싣지 않고 부드럽게 말해요.
⑤ 함께 논의한 내용은 그 자리에서 결정하고, 실천 계획을 세우며, 실천을 확인할 계획을 함께 세워요.
⑥ 바빠도 월례 회의에 꼭 참여해서 함께 의견을 나누어요.

제가 ○○센터 워크숍을 진행하면서 가진 마음은 '믿음'입니다. 그 조직의 문제는 구성원들이 가장 잘 해결할 수 있을 것이란 믿음에서 시작했습니다. 스스로의 힘을 믿은 것이지요. 어떤 회의에서 퍼실리테이터가 가져야 할 처음은 구성원에 대한 믿음입니다.

퍼실리테이터의 핵심역량, 질문과 경청

1. 질문기술

제가 지역센터 워크숍을 진행하면서 가장 많이 신경 쓴 것은 질문입니다. 질문은 회의를 진행하는 핵심기술입니다. 이런 질문에는 어떤 힘이 있을까요?

"선생님 오늘 저녁에는 무엇을 드시겠어요?" 질문을 받으면 어떻게 되시나요? 맞습니다. 사람은 질문을 하고, 답을 할 때 생각을 시작합니다.

> 우리는 질문을 던질 때 혹은 질문을 받을 때 비로소 생각을 시작한다. 스스로 질문을 던지지 않으면 아무 생각도 하지 않는다. 그냥 잡념만 머릿속에 가득 차 있을 뿐이다. 그러다 질문을 하는 순간 생각이 시작되고 우리는 그 생각에 따라 느끼고 행동하고 존재한다.
>
> – 신민섭, 송진욱, 『부모의 질문법』(2010)

질문을 더 해보도록 하겠습니다. "선생님 오늘 저녁에 짜장면과 짬뽕 중 무엇을 드시겠어요?" 인생에서 가장 힘든 질문 중 하나였습니다. 그런데 제가 처음 했던 질문과 두 번째 질문의 차이점은 무엇인가요? 처음 질문은 개방형 질문이고, 두 번째 폐쇄형 질문입니다.

개방형 질문은 아이디어를 발산시키고 폐쇄형 질문은 아이디어를 수렴시킵니다. 개방형 질문은 질문에 답변이 정해져 있지 않으며, 자유롭게 대답할 수 있는 질문으로 상대의 마음속에 있는 창조력을 이끌어 내는 데 효과적입니다. 폐쇄형 질문은 '예' '아니오'와 같이 대답이 정해져 있는 질문으로 논점을 좁힐 때 효과적입니다.*

이 사람을 찾아라

'이 사람을 찾아라'는 제시된 주제나 문제를 스무 번의 질문으로 알아맞히는 놀이입니다.

 준비물

라벨지 또는 포스트잇, 매직

 진행방법

① 포스트잇에 가장 좋아하는 위인의 이름을 적습니다. 누구나 알 수 있는 이름을 적습니다.

② 다른 사람의 등 뒤에 포스트잇을 붙입니다.

③ 지금부터 자신의 등에 적힌 위인의 이름을 질문을 통해서 맞힙니다.

④ 한 사람에게 한 번의 질문만 할 수 있습니다.

⑤ 1~10질문까지는 폐쇄형 질문만 할 수 있습니다.

⑥ 11-20질문은 개방형 질문을 할 수 있습니다.

⑦ 정답을 맞히면 자기 자리에 앉습니다.

---

* 호리 기미토시, 『퍼실리테이션 테크닉65』, 비지니스맵(2014)

퍼실리테이션은 다양한 해결책을 찾는 아이디어 발산과 해결방법을 선택하는 수렴의 과정이라고 할 수 있습니다. 개방형 질문과 폐쇄형 질문을 연습할 수 있는 놀이를 해보겠습니다.

2. 경청기술

퍼실리테이터가 익혀야할 두 번째 핵심역량은 경청입니다. 그럼 우리가 얼마나 경청을 잘하고 있는지 놀이를 해보겠습니다.

 딴청 경청 놀이
의사소통에서 경청이 주는 효과를 알아보는 게임입니다

 진행방법
① 짝과 가위,바위,보를 합니다.
② 이긴 사람은 자리에 남고, 진 사람은 교실 밖으로 나갑니다.
③ A(교실)팀에게 미션을 줍니다. 어떤 일이 있어도 딴청(무시)을 합니다.
④ B(교실 밖)팀에게 미션을 줍니다. '고맙다'라는 말을 들어야 합니다.
⑤ 3분 동안 A, B 팀이 미션을 수행합니다.
⑥ 소감을 나눕니다.

메라비언의 법칙이 있습니다. 의사소통에서 호감을 주는 요인 중 내용은 7%밖에 되지 않고, 말하는 사람의 말투와 행동이 93%를 차지한다는 것입니다. 좋은 내용보다는 좋은 태도가 의사소통을 이끕니다. 결국 경청의 시작은 태도라 할 수 있을 것입니다.

그렇다면 경청기술에는 어떤 것이 있을까요? 『교육행정이론』이라는 책에서 효율적 경청기술로 귀담아 듣기(attending), 질문하기(questioning) 격려하기(encouraging), 따라 말하기(Mirroring), 바꾸어 말하기(Paraphrasing), 감정 나타내기(reflecting feeling), 요약하기(summarizing)를 들고 있습니다.

▓ 효율적 경청기술구* ▓

 1. 귀담아 듣기(attending)

비언어적 태도를 말합니다. 시선을 맞추고, 고개를 끄덕이는 등 대화에 집중하고 있음을 보여주는 방법입니다.

 2. 질문하기(questioning)

메시지를 이해하기 위한 핵심적인 부분입니다. 질문을 통해 애매모호한 메시지의 의미를 뚜렷하게 만들어 줍니다.

 3. 격려하기(encouraging)

의사소통을 촉진하는 방법으로 말하는 사람이 적극적으로 이야기를 할 수 있도록 하는 방법입니다. 침묵이 가장 대표적입니다. 아무 말 하지 않음으로써 더 많은 이야기가 나올 수 있도록 하는 것이지요. 이외 '네, 그렇군요, 알겠습니다.' 라는 말과 '조금 더 이야기 해주세요.' 와 같은 짧은 문장으로 격려하는 방법이 있습니다.

4. 따라 말하기(mirroring)

말하는 사람의 발언을 반복함으로써 신뢰를 쌓아가는 방법입니다. 주로 단어나 짧은 문장을 따라 말합니다.

 5. 바꾸어 말하기(paraphrasing)

현재 이야기 하는 내용에 집중하고 이해하고 있다는 것을 보여주는 방법입니다.

예) '제가 이해하기로는 –같습니다. 맞나요?' '–이런 의미로 말씀하신건가요?'

 6. 감정 나타내기(eflecting feeling)

말하는 사람의 감정과 정서에 집중하는 것입니다. 감정을 나타내고 공감대를 형성하는 방법입니다.

예) '–때문에 실망한 것 같군요.' , '–때문에 걱정이 되는군요.'

 7. 요약하기(summarizing)

장시간에 걸친 내용을 요약함으로써 대화를 정리하는 것입니다.

예) '지금까지 선생님이 말씀하신 것은 첫째, 둘째, 셋째 …. 입니다.'

＊ wayneK·Hoy,cecilGmiskel, 『교육행정이론, 연구, 실제 9판』, 아카데미프레스(2013), P445~P447

그럼 경청기술을 활용한 의사소통 놀이를 해보겠습니다.

의사소통 놀이

의사소통 놀이는 경청기술 중 '따라 말하기, 요약하기'를 적용한 놀이입니다. 우리가 얼마나 경청하고 대화를 하고 있는지 알아보는 놀이입니다.

 역할

발표자1, 퍼실리테이터1

 진행방법

① 가위,바위,보로 역할 정합니다.

② 발표자는 자유롭게 이야기를 합니다. -요즘 내가 관심 갖는 것은?

③ 퍼실리테이터는 발표자가 말할 때 마다 따라 말하기(Mirroring)를 합니다.

④ 발표자는 퍼실리테이터가 따라 말하기(Mirroring)를 해야 다음 말을 할 수 있습니다.

⑤ 1-2분 정도 이야기 지속합니다.

⑥ 시간이 끝난 후 퍼실리테이터는 발표자가 말한 내용을 요약(summariz-ing)합니다. 예) '지금까지 나온 이야기는 첫째, 둘째, 셋째…'

⑦ 역할을 바꿉니다.

학교 문화를 좌우하는
관계 맺기

몇 해 전 인기리에 방영된 송곳이라는 드라마에 이런 명대사가 나옵니다.

"사람들은 옳은 사람 말 안 들어. 좋은 사람 말을 듣지."[*]

설득에서 가장 중요한 것은 탄탄한 논리와 근거가 아니라 상대방의 마음을 얻는 것입니다. 이것을 우리는 마음 열기라 부릅니다. 서로의 마음을 열기 위해서는 평소에 우리가 어떤 관계를 가지고 있는지가 중요합니다. 팀의 관계를 개선하는 마음열기 방법에 대해 알아보겠습니다.

---

[*] 웹툰 '송곳' 中에서

마음 열기

마음 열기를 영어로 표현하면 아이스브레이킹 정도로 표현할 수 있을 것 같습니다. 얼음 깨기란 뜻이죠. 선생님들은 마음 열기 없이 본론으로 바로 들어가는 회의를 부담스러워 합니다. 마음열기는 사람들 사이에 차갑고 어색한 분위기를, 따뜻하고 부드럽게 만드는 활동입니다.

짝 놀이

1. 세 단어, 짝 소개

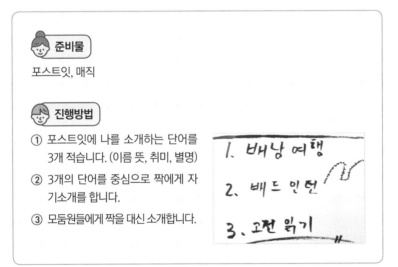

준비물

포스트잇, 매직

진행방법

① 포스트잇에 나를 소개하는 단어를 3개 적습니다. (이름 뜻, 취미, 별명)

② 3개의 단어를 중심으로 짝에게 자기소개를 합니다.

③ 모둠원들에게 짝을 대신 소개합니다.

1. 배낭 여행

2. 배드민턴

3. 고전 읽기

2. 잡아

① 짝과 마주봅니다.

② 왼손은 펴고, 오른손은 검지로 상대
방의 왼손을 톡톡톡 건드립니다.

③ 사회자가 '잡아'라고 하면 왼손으로
상대방의 오른손 손가락을 잡습니다.

3. 짝 가위바위보

① 가위 바위 보를 합니다.

② 내가 이겼으면 '내가 이겼다'라고 합니다. 비기면 '내가 비겼다', 지면 '내가
졌다'라고 합니다.

③ 이제 규칙을 바꿉니다. 상대방의 상황을 이야기 합니다.
- 상대방이 이기면 '네가 이겼다'
- 상대방이 비기면 '네가 비겼다'
- 상대방이 지면 '네가 졌다'

모둠 놀이

1. 6×6 질문 놀이

준비물

6×6 워크시트, 핸드폰 주사위 앱(또는 주사위 2개)

진행방법

① 6×6 학습지를 확인합니다.

② 핸드폰에서 주사위 앱을(아이폰- castdice/ 안도르이드-비주얼 주사위) 다운 받습니다.

③ 주사위 2개를 선택합니다.

④ 예컨데, 가로가 3 세로가 4가 나왔다면 평소에 여행하고 싶었던 곳에 대해 이야기 하면 됩니다.

	1	2	3	4	5	6
1	나는 다음생에 ○○으로 태어나고 싶다.	마음에 드는 내 별명은?	올해 가장 기억에 남는 학생은?	나는 교사가 아니었다면 어떤 일을 하면서 살고 있었을까?	나에게 타임머신이 있다면 언제로 돌아갈까?	내가 최근에 본 영화 중 기억에 남는 영화는?
2	우리 가족 중에서 제일 좋아하는 사람은?	내 인생의 버킷리스트가 있다면?	내 인생의 핫플레이스는?	내 인생 최초의 실패경험은?	학교에서 생활하면서 내 자신이 뿌듯했던 적은?	나 이런 사람도 만나봤다?
3	내 인생 최고의 순간은?	소원을 말해봐~	우리 학교에 바라는 점이 있다면?	우리 반 아이들 자랑 1가지만 한다면?	우리 학교의 블랙리스트?	내가 가장 듣고 싶은 말은?
4	내 인생 최초의기억(가장 어릴 때 기억)은?	나는 ○○할 때 가장 신이나!	여행하고 싶은 곳은?	내가 우리반 아이들에게 가장 많이 하는 말은?	작년에 가장 후회되는 일은?	내 신체에서 가장 자신 있는 곳은?
5	내가 가장 존경 하는 인물은?	내가 제일 잘 하는 것은?	요즘 받고 싶은 선물은?	내가 들은 가장 충격적인 말은?	나는 찍먹파? 부먹파?	갑자기 외계인과 만났다면 나는 어떻게 할까?
6	로또 1등에 당첨된다면?	신이 나에게 1가지 능력을 주겠다고 한다면 나는 어떤 능력을 달라고 할까?	요즘 빠져있는 TV 프로그램?	애인(배우자)에게 하고 싶은 말은?	올해 우리반 아이들과 하고 싶은 것 1가지는?	나는 이런 사람이 되고싶다~

2. 릴레이 초상화

준비물

a4종이, 색연필

진행방법

① 마음에 드는 색연필을 선택합니다.

② a4 종이를 한 장 받고, 맨 위에 자기 이름을 적습니다.

③ 오른쪽에 있는 사람에게 전달합니다.

④ 이 종이의 주인공이 누구인지 확인합니다.

⑤ 사회자의 지시에 따라 그림을 그립니다. 이때 사회자가 말하는 부위만 그립니다. –눈만 그리세요, 코만 그리세요. 등

⑥ 사회자가 전달이라고 하면 다시 오른쪽으로 전달합니다. 4, 5번의 활동을 반복합니다.

3. 사회관계망놀이*

준비물

이젤패드(전지), 포스트잇

진행방법

① 공통 내용을 적습니다. (이름, 가르칠 수 있는 것, 배우고 싶은 것)

② 다른 사람이 적은 내용을 확인합니다. 궁금하거나 관심 있는 내용은 연결합니다.

③ 선을 연결하면서 댓글도 함께 답니다. (노하우와 정보 등)

④ 서로의 정보를 공유합니다.

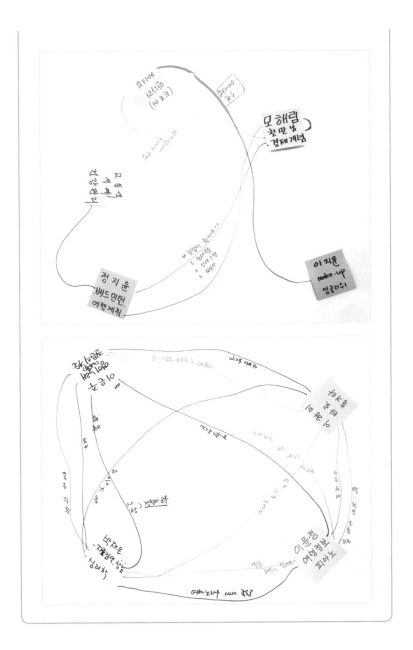

* 서울시 마을공동체 종합지원센터, 『해보자 마을모임 기법』, 『마을공동체 주민모임 기법 메뉴얼(제 20
14-02-008호)』(2015)

전체 놀이

1. 당신의 첫 인상

 준비물

포스트잇, 필기도구

진행방법

① 포스트잇과 필기도구를 챙깁니다.

② 회의장을 돌아다니면서 사람들과 인사를 합니다.

③ 간단하게 인사를 나눈 후, 상대방의 첫인상에 대해 적습니다.

④ 상대방의 등 뒤에 붙인 후 다시 새로운 사람을 만납니다.

⑤ 포스트잇을 다 쓸 때까지 반복합니다.

⑥ 자리로 돌아와 나의 첫 인상을 확인합니다.

2. 신뢰 자동차

① 두 사람이 짝이 되어 가위 바위 보
를 합니다.

② 이긴 사람이 뒤에 서고, 진 사람은
앞에 섭니다.

③ 앞 사람은 눈을 감고 뒤에 선 사람
은 앞 사람의 어깨를 잡고 운전을
합니다.

④ 1분 뒤에 앞 뒤 위치를 바꿉니다.   ⑤ 활동 소감을 나눕니다.

3. 나 – 너 – 우리

① 모두 일어서 자유롭게 돌아다닙니다.

② 사회자가 '나'라고 하면 '안녕하세요. 라고 말하며 검지로 인사를 합니다.

③ 사회자가 '너'라고 하면 '반갑습니다.'라고 말하며, 손뼉인사를 합니다.

④ 사회자가 '우리'라고 하면 모두 멈춥니다. 사회자가 부른 숫자만큼 모둠을
만듭니다.

마음 열기는 언제 하면 좋을까요? 오후 점심을 먹고 난 후 나른할 때는 필수입니다. 워크숍을 진행한 후 두 시간 정도가 지나면 선생님들께서 힘들고 지루해할 수 있습니다. 이때 사용하면 좋습니다. 때로는 긴장감과 어색함으로 참여가 낮을 때 사용해도 좋습니다. 반대의 경우도 있습니다. 지나치게 들떠있어 어떠한 논의가 진행되지 않는 경우도 있죠. 이럴 때는 오히려 차분한 놀이를 통해서 마음을 가라앉힐 수 있습니다.

의미를 찾는 기대사항

심리학자였던 빅터 플랭크는 2차 세계대전 때 나치의 강제 수용소에 끌려가게 됩니다. 인간도살장이라 불리는 강제 수용소의 삶은 인간의 삶을 벌레만도 못하게 만듭니다. 빅터 프랭클은 이곳에서 어떤 사람이 살아남는가를 관찰합니다. 강제수용소에서 살아남은 빅터프랭크는 죽음의 수용소라는 책으로 출간합니다.

여러분들은 어떤 사람들이 살아남을 것 같나요? 튼튼한 사람? 남자? 아부를 잘하는 사람? 빅터 프랭클가 찾은 정답은 '살아야 할 의미'가 있는 사람입니다. 가령 '사랑하는 아내와 자녀'를 만나기 위해, '조국의 독립을 위해'와 같이, 왜 살아남아야 하는지 의미를 찾은 사람은 죽음의 수용소에서도 살아남았다는 것입니다.

그렇다면 우리의 회의는 어떤가요? 제가 학교 회의에서 가장 많이 들었던 말은 "꼭 기한 내 잊지 않고 처리해주시기 부탁드립니다." 라는 말입니다. 업무 지시에 가까운 회의였지요. 이런 회의에서 왜 해야 하는지 의미를 갖는다는 것은 먼 나라 이야기였습니다.

이제 우리의 회의의 시작을 이렇게 바꾸어 보면 어떨까요? '운동회에서 선생님이 맡은 업무가 무엇인가요?' 보다는 '운동회를 통해 선생님은 우리 학생들이 어떻게 성장하기를 기대하시나요?'라고 말하는 것이지요. 기대사항을 적으면 내가 왜 이 회의에 참여해야 하는지, 의미를 찾게 됩니다. 회의에 참여하는 동기를 만듭니다.

회의 규칙 세우기

축구는 11명의 선수가 출전합니다. 전후반 45분씩 90분의 경기를 합니다. 골키퍼를 제외하고 손을 사용하면 안 됩니다. 우리는 이것을 축구의 규칙이라고 부릅니다. 이것이 무너지면 축구가 아니게 되는 것입니다. 상식처럼 따라야 할 규칙입니다.

우리 학교의 회의에는 어떤 규칙이 있나요? 제가 들은 가장 인상 깊은 회의 규칙은 '월요일 오후 3시 30분, 과학실'입니다. 단순함을 넘어 비밀 지령을 받은 느낌입니다. 물론 회의주제도 비밀스럽게 그 자리에서 들었지요. 축구를 축구답게 만드는 것은 축구 규칙이듯, 회의를

기대사항

회의 주제에 대해 서로가 기대하는 점을 공유하는 활동입니다.

 진행방법

이젤패드(전지), 포스트잇, 매직

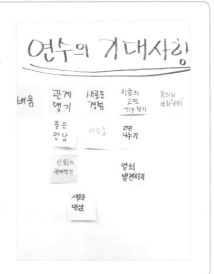

진행방법

① 회의 주제에 대한 나의 기대를 적습니다.
② 구성원들과 공유합니다.

회의답게 만드는 것이 회의 규칙입니다.

회의 규칙은 행동 규범이 됩니다. 예컨대, 한 선생님이 오랜 시간동안 발언을 독점 할 때, 이렇게 이야기 할 수 있겠지요. '선생님 중요한 말씀 고맙습니다. 다만 우리는 회의시간에 발언시간을 지키는 것이 우리의 약속입니다. 다음에는 요약해서 말씀해주시면 어떨까요?' 라고 제안하는 것이지요. 간혹 우리가 지켜야 할 회의 규칙이 무엇이 있을까요? 라고 하면 한 두 사람에게 비난이 쏟아지는 경우가 있어 곤란할 때가 있습니다. 행동이 아닌 사람에 집중하는 것입니다.

역브레인스토밍은 사람이 아닌 행동에 집중하게 합니다. 회의를 망치는 '비법'을 찾는 것이지요. 이렇게 찾은 비법은 다시 반대로 정리합

역브레인스토밍*

반대의 관점으로 문제를 바라보게 함으로써 새로운 아이디어를 얻고자 할 때
사용하는 방법입니다.

준비물

이젤패드, 포스트잇, 매직

진행방법

① 주제를 확인합니다.
　－회의를 망치는 나만의 비법
② 주제에 대한 생각을 적습니다.
③ 모둠에서 함께 공유 합니다.
④ 모둠별로 핵심 비법을 선정합니다.
⑤ 회의 규칙을 공유합니다.

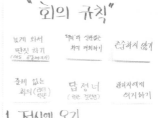

니다. 긍정적인 표현으로 바꾸는 것이지요. 가령 무반응은 적극적으로 피드백하기, 잡담하기는 회의에 집중하기, 발언기회 독점은 모두가 동등하게(횟수, 시간 등) 발언하기로 수정하는 것입니다.

　다음은 부천 부명초등학교의 회의 규칙입니다. 회의절차와 구성원들이 해야 할 규범들이 잘 정리가 되어 있습니다. 우리 학교의 회의 시간에도 참고하시면 좋습니다.

＊　위키백과 검색

회의 운영 세부 규칙

– 회의 시작 시간을 지킨다.

- 회의 시작 5분 전에 모인다.

- 교무부장은 회의 시작 10분 전에 방송으로 알린다.

- 회의 시간은 15:15~16:40까지 이고, 최대 17:00까지만 한다.

– 회의 때는 존댓말을 한다.

– 회의 때 사회자의 진행을 존중하고 따른다.

– 안건 제출자는 회의 3일 전에 안을 제출한다.

– 합의된 내용은 반드시 실천한다.

– 회의 때는 핸드폰 사용을 지양한다.

– 회의에서 결정한 내용은 반드시 전체에게 공지한다.

- 회의는 반드시 기록자를 두어 기록하고 (1학년부터 순서대로) 회의 결과는 회의가 끝나고 진행자가 정리하여 발표한다.

- 회의 규칙은 통합 연구실에 붙여 둔다.

교사들이 함께 잘 사는 법

스쿨퍼실리테이션이라고 말하면 괜히 무겁게 들립니다.

왠지 잘해야 할 것 같고, 머리도 아플 것 같습니다.

저는 선생님들께서 큰 고민 없이 학교자치를 시작하셨으면 좋겠습니다.

그냥 '나를 위해 시작해 본다'라는 가벼운 마음이면 좋겠습니다.

그러다 우리 반도 도와보고, 우리 옆 반도

도와줄 수 있지 않을까라는 마음으로 말입니다.

나와 맞지 않은 부분은 넘기셔도 됩니다.

그렇게 조금씩 한 발 내딛다보면 어느새 목적지에 도착해 있지 않을까요?

나를 위해 시작해본다는 마음, 즐겁게 참여해본다는 마음으로

함께 해주셨으면 좋겠습니다.

수평적인 문화를 만들기 위해서
가장 먼저 필요한 것은 그들도 나와 같을 것이라는
믿음입니다. 우리가 소통을 하기 위해서
가장 중요한 것은 상대방을 인정하는 것임을
명심해야 합니다.

03

교사들이 함께 잘 사는 법 '스쿨퍼실리테이션'

우리 회의 시작해 볼까요,
따뜻한 회의의 첫걸음(사전 활동)

다음은 어느 학교의 모습입니다.

저는 과학 전담교사입니다. 우리 학교는 매주 월요일 오후 3시에 교무
회의를 합니다. 회의 장소는 과학실입니다. 전체 교사가 모두 모일 장소
가 과학실 밖에 없거든요. 2시 40분 수업이 끝나자마자 헐레벌떡 청소
와 정리정돈을 하면 온 몸이 땀으로 범벅입니다. 사실 선생님들도 과학
실에서 회의하는 것을 힘들어하세요. 책상이 고정형이라 앞을 보기 힘
들고, 의자 크기가 작아 10분만 앉으면 허리가 아프거든요.

- 학○○초 김○○교사

환경 점검하기

올해로 교사 생활 18년째입니다. 총 5개의 학교를 경험했습니다. 그런데 회의실이 있었던 곳은 한 군데도 없었습니다. 가장 많이 모였던 곳은 '과학실'이었습니다. 과학실 의자가 부족해 교실 의자를 가져와서 함께 듣기도 했지요. 회의를 시작하기도 전에 빨리 교실로 돌아가고 싶다는 생각부터 들었습니다.

요즘 학교공간을 학생과 교사의 삶에 맞게 재구조화하는 움직임이 있습니다. 이제 학교 민주주의와 교사자치를 일궈가는 '회의 장소'에 대해서도 고민해볼 필요가 있습니다. 가고 싶고, 머물고 싶은 회의장을 꿈꿉니다.

1. 회의 장소 점검

쾌적한 회의장은 어느 정도일까요? 쾌적한 회의 장소는 보통 참석자의 최소한 두 배의 공간이라고 합니다. 보통 교실 한 칸에는 30명 정도가 들어갑니다. 만약 15명 정도의 구성원이라면 교실 1개 정도의 크기가 회의장소로 적당하고, 20명이 넘으면 교실 2-3개 크기 정도의 회의장이 필요하다고 할 수 있습니다. 대한민국에서 이 정도의 크기의 회의장을 갖춘 학교를 찾기란 쉽지 않습니다.

그래서 회의를 어떻게 운영할지 잘 살필 필요가 있습니다. 안내가 중심인 짧은 회의라면 교실에서도 가능합니다. 하지만 긴 시간이 필요한 워크숍이라면 다릅니다. 가장 좋은 방법은 외부의 회의 시설을 대여하는 것입니다. 하지만 이 방법은 예산이 많이 필요합니다. 그래서 프로젝트 팀을 추려서 워크숍을 운영하는 방식을 고려할 필요가 있습니다.

> **▶ 프로젝트 팀 구축 방법 ◀**
>
> ① 다양한 지식과 관점을 가진 구성원으로 조합한다.
> ② 프로젝트 팀 구성 시 중복과 누락 없는 MECE(Mutually Exclusive, Collect-ively Exhaustive의 약자로 '중복과 누락 없이' 나눈 것을 의미함)의 원칙을 따른다.
> ③ 중복과 누락 없는 프로젝트 팀 구성을 위한 질문 예시
> · 학교를 대표할 수 있는 사람들이 모두 모였나요?
> · 혹시 빠진 학년, 부서가 있나요?
> · 중복된 학년과 부서가 있나요?
> · 다양한 나이와 직책으로 구성되어 있나요

벽은 회의 장소에서 가장 신경 쓰는 부분입니다. 퍼실리테이션에서 벽은 참여자들 의견을 모으고, 분류하고, 이어나가는 곳입니다. 개인적으로 저는 벽을 고대 그리스의 회의의 장소 '아고라'라 부릅니다. 처음에는 그냥 나 혼자만의 목소리였는데, 참여자들과 이야기를 나누면서 나 혼자만의 목소리가 아닌 우리의 의견이 됩니다. 그렇게 모이고 쌓여 학교의 정책이 되는 것이지요. 벽은 이런 역동적인 과정을 한 눈에 볼 수 있는 중요한 공간입니다.

2. 의미를 만드는 아젠다와 회의규칙

에티엔 웽거(Etienne Wenger)가 쓴 책,『실천공동체』에는 '객체화'라는 개념이 있습니다. 객체화란 추상적인 개념을 눈에 보이게 구체화하여 표현한 것입니다. 예를 들면, 눈을 가린 채 저울을 들고 있는 동상은, 정의라는 추상적인 개념을, 눈으로 보이는 동상으로 구체적으로 표현한 것이다.

객체화는 의미를 만듭니다. 눈을 가린 동상을 보면 '아! 여기는 정의를 만드는 곳이구나.'라는 생각을 누구나 하게 됩니다. 이처럼 추상적인 것을 눈에 보이게 객체화하여 표현하는 방식은 다른 사람과의 소통을 원활하게 해주는 편리한 수단이 됩니다.

학교 회의에서도 한 번에 의미를 이해할 수 있는 객체화가 필요합니다. '우리 학교는 다름을 존중하고, 민주적 회의를 강조합니다'라는 것을 한 눈에 보여줄 기념물이 필요합니다. 퍼실리테이션을 활용한 워크숍에서 회의규칙과 아젠다가 '객체화' 역할을 합니다.

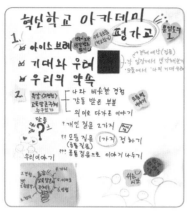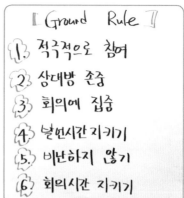

    왼쪽 사진은 워크숍 아젠다는 워크숍의 흐름과 순서를 정리한 표입니다. 워크숍 아젠다를 보면 어떤 생각이 드시나요? 아젠다를 보면 회의 순서와 흐름을 알 수 있습니다. '오늘 우리가 다뤄야할 안건은 저것이구나!' 라는 생각도 하게 됩니다. 아젠다는 회의의 목적과 절차에 집중하자는 의미를 만듭니다. 또 아젠다가 있다는 것은 사전에 제안된 내용으로 회의를 진행한다는 것을 뜻합니다. 학교의 회의를 보면 회의 중간에 안건이 생각이 나서 급하게 제안되는 경우가 많습니다. 하지만 그 내용을 들어보면 대부분 중요하지 않은 내용이 많습니다. 이렇게 중구난방으로 들어오는 안건을 처리하다보면 정작 중요한 안건을 놓치는 경우가 많습니다. 만약 아젠다는 중간에 안건에 들어오는 것을 차단할 수 있을 것입니다. 이처럼 아젠다는 준비된 회의를 하자는 의미를 만듭니다.

    회의 규칙을 보면 어떤 생각이 드시나요? '우리 학교 회의는 이런 것을 소중하게 생각하는구나.'라는 것을 한 번에 보여줍니다. 회의 규칙은 참여자들에게 심리적인 안정을 줍니다. 갈등을 사전에 예방해줍니다. 가령 한 선생님께서 상대방의 이야기를 중간에 이야기를 끊고 이야기를 할 때 '우리 회의규칙은 이야기를 끝까지 듣고 발언을 하는 것입니다. 먼저 ○○선생님의 이야기를 들은 후 진행하면 어떨까요?' 라로 말 할 수 있는 근거가 됩니다. 이처럼 회의 규칙은 우리 학교는 약속된 회의를 추구한다는 의미를 만듭니다.

3. 기타

책상과 의자는 분리되어 있으며, 전체 활동과 모둠활동이 가능하도록 이동이 편리한 것이 좋습니다. 음향과 영상을 활용할 수 있는 지도 확인합니다.

모둠 점검하기

워크숍에서 다양한 의견을 듣고 시너지를 만들기에 최적의 모둠 인원 구성은 6명입니다. 다만 학교라는 현실이 있습니다. 보통 초등학교에서 회의는 빠르면 3시정도에 시작합니다. 퇴근시간까지 2시간 정도, 회의가 가능하다는 뜻입니다. 2시간 중 행정적인 안내를 빼면 100분정도가 회의시간이라 할 수 있을 것입니다. 6명이 최적의 인원이긴 하나, 모둠에서 논의가 길어져 2시간의 회의시간을 넘기는 경우가 많습니다.

우리 연구회에서는 2시간 이내는 4명 정도로 모둠을 구성하고, 2시간 이상은 6명으로 구성하는 것이 적당하다고 보고 있습니다. 회의는 잘하는 것도 중요하지만 제 때 끝나는 것도 중요하기 때문입니다. 간혹 약속된 시간을 넘어 회의를 진행해야 할 상황이 발생합니다. 이런 경우에는 회의 참여자들의 의견을 물어 연장여부를 결정합니다.

준비물 점검하기

모둠 및 전체 준비물을 확인합니다. 워크숍에서 자주 쓰는 준비물은 접착식 메모지(포스트잇), 필기도구, 이젤패드(전지), 이젤스탠드입니다. 이 4개의 준비물만 있으면 어느 곳 어느 장소에서도 워크숍을 진행할 수 있습니다. 이외에 투표용 스티커, A4종이, 테이프 등을 준비합니다.

접착식 메모지
(포스트잇)

필기도구
(사인펜, 유성매직 등)

이젤스탠드

이젤패드

회의 주제 점검하기

📖

1. '회의 주제를 찾는 3W 질문'

몇 해 전, 다른 학교 워크숍에 참여한 적이 있습니다. 그날 회의의 주제는 '문화예술교육 어떻게 할 것인가?'였습니다. 그런데 회의는 1시간이 지나도 이야기가 겉도는 느낌이었습니다. 곰곰이 생각해보면 주제가 너무 컸습니다. 주제가 너무 크니 교사들이 말하기도 힘들고 머리로만 이야기하다가 결국 교과서적인 이야기만 주고받았습니다.

학교에서 다루는 회의 주제를 보면 정말 너무 먼 이야기만하는 것이 아닌가 싶습니다. 사실 '문화예술교육 어떻게 할 것인가?' 이 주제로 1시간 안에 결론을 낸다는 것은 교육부에서도 할 수 없는 일입니다. 이런 큰 주제도 필요할 때가 있지만, 학교의 회의가 너무 큰 이야기만 하는 것은 아닌가 반성해봅니다. 너무 방대한 이야기는 교사들의 삶과 연결되지 못하고 외면당하기 싶습니다. 누구나 다 아는 당연한 해결방법, 말잔치로 끝나는 경우가 많습니다.

회의 주제를 찾는 3W질문

3W 질문에서 W는 What-Why-What의 'W'를 뜻합니다. What은 회의 안건, Why는 회의목적, What는 최종 결과물을 뜻합니다.

 준비물

3W 워크시트

 진행방법

① What – 회의에서 다뤄야 할 안건을 정하는 것입니다. 예컨대 '독서교육, 운동회, 문화예술교육, 생활교육' 같은 것이지요.

② Why – 회의 안건이 선정되면, 그 안건의 목적을 찾습니다. 왜 라는 질문을 넣어보는 것이지요. 가령 '왜 독서교육인가?'와 같이 질문을 하는 것입니다. 질문의 답이 '사고력 신장'이라면, 독서교육의 목적은 '사고력 신장을 위한 독서교육'이 되는 것이지요.

③ What – 사고력 신장을 위한 독서교육이 잘 이루어지기 위해 학교에서 구체적으로 해야 할 과제를 선정합니다. 이때, 구체적인 활동이나 눈에 보이는 최종 결과물로 표현하는 것이 좋습니다. 예를 들면 학년별 책 선정, 도서실 활용수업, 프로젝트 수업 방안으로 구체화 하는 것입니다.

3W	내용	질문	학생자치
1. What	회의 안건	회의 안건은 무엇입니까?	독서교육
2. Why	회의 목적	왜 그것을 해야 하나요?	사고력 신장
3. What	최종 결과물	구체적으로 무엇을 해야 하나요? 최종 결과물은 무엇인가요?	학년별 책 선정
회의주제	사고력 신장을 위한 학년별 책 선정		

사고력 신장을 위한 학년별 책 선정은 경우에 따라 큰 주제입니다. 멀게 느껴질 수 있습니다. 그런 경우에는 다시 3W 질문을 통해 회의 주제를 구체화할

수 있습니다. 가령, 학년별 책 선정은 왜 해야 하나요? 이 질문을 통해서 회의 목적을 찾는 것이죠. 대략 이 정도 이유가 될 것 같습니다. 저학년은 너무 어려운 책을 고학년은 너무 쉬운 책을 마련해서 책에 대한 흥미도가 떨어지는 경우죠. 이럴 때 학년 수준에 맞는 책 선정이 회의 목적이 될 것입니다.

학년 수준에 맞는 책 선정을 위해 구체적으로 무엇을 해야 될지 질문을 합니다. 대략 1학년부터 6학년까지 국어 교과서 분석이 최종 결과물이 될 수 있을 것입니다. '사고력 신장을 위한 학년별 책 선정'이라는 주제가 '학년 수준에 맞는 책 선정을 위한 1학년부터 6학년 국어 교과서 분석'이 되는 것이죠. 3W 질문은 이렇게 회의 주제를 구체화할 수 있습니다.

3W	내용	질문	학생자치
1. What	회의 안건	회의 안건은 무엇입니까?	사고력 신장을 위한 학년 별 책 선정
2. Why	회의 목적	왜 그것을 해야 하나요?	학년 수준에 맞는 책 선정
3. What	최종 결과물	구체적으로 무엇을 해야 하나요? 최종 결과물은 무엇인가요?	1–6학년 국어 교과서 분석
회의주제		학년 수준에 맞는 책 선정을 위한 국어교과서 분석	

워크숍 프로세스 점검하기

1. 워크숍 시간 확인하기

워크숍 프로세스에서 첫 번째로 확인할 사항은 시간입니다. 워크숍을 진행할 수 있는 시간을 파악하는 것입니다. 사전에 워크숍이 정시에 시작될 수 있도록 충분히 안내를 할 필요가 있습니다. 정시 시작과 정시 마감이 원칙입니다. 더불어 반드시 정시에 시작 될 것이라는 생각을 버려야 합니다. 학교는 점점 더 바빠지고 있습니다. 생활지도, 상담 등으로 갑작스레 늦어질 수 있습니다. 어쩔 수 없는 행정 안내 등으로도 늦어질 때가 많습니다. 이를 고려하여 시간을 안배할 필요가 있습니다. 워크숍 마감 시간을 연장하게 되는 경우에는 참여자들의 동의를 얻어 진행합니다.

2. 워크숍 단계 확인하기

퍼실리테이션은 발산과 수렴의 과정입니다. 다양한 생각을 꺼내는 발산과, 최적의 해답을 찾아가는 수렴의 과정이죠. 우리 연구회에서 정리한 워크숍의 흐름은 6단계입니다.

워크숍을 준비하는 사전 점검, 다양한 의견과 아이디어를 마음껏 발산하는 **생각 꺼내기**, 비슷한 의견과 아이디어로 분류하는 **생각 모으기**,

	단계	내용	활동
1	사전 점검		워크숍 사전 준비
2	생각 꺼내기	발산	다양한 의견과 아이디어를 마음껏 발산
3	생각 모으기	분류	비슷한 의견과 아이디어로 분류
4	평가하기	평가	분류된 아이디어를 분석하고 평가
5	의사결정	결정	최종적으로 실행할 아이디어를 선택
6	마무리		실행방안 수립 및 워크숍 마무리

분류된 아이디어를 분석하고 평가하는 **평가하기**, 최종적으로 실행할 아이디어를 결정하는 **의사결정**, 실행방안 수립과 회의를 닫는 **마무리**로 구분할 수 있습니다.

워크숍 전에 오늘 우리 학교의 회의가 어느 단계에 있는지 파악합니다. 아이디어를 평가하는 단계인지, 최종 의사결정을 하는 단계인지에 따라 워크숍의 계획이 달라지기 때문입니다.

3. 오프닝 점검하기

오프닝은 말 그대로 문 열기 활동입니다. 교사들을 회의로 초대하며, 지금부터 회의에 들어갑니다라는 의식이기도 합니다. 오프닝은 워크숍 목표 안내, 참석자 소개 및 아이스브레이킹, 기대사항 청취, 아젠다 공유, 기본규칙 설정 등으로 이루어집니다.[*]

이 중에 워크숍 목표 안내는 구성원들에게 워크숍의 개최 배경과 일정 등을 안내함으로써, 왜 우리가 회의를 하는지, 이 회의이 결과는 무엇이여야 하는지를 명확하게 알려주는 것입니다. 다음은 2015년 경기도교육청 혁신학교 아카데미 리더 과정 직무연수에서 사용한 워크숍 목표 안내입니다.

---

* 채홍미·주현희, 『소통을 디자인하는 리더 퍼실리테이터』 아이앤유(2014), p74

워크숍 목표 안내

자신이 맡게 될 워크숍(학급, 학교, 가족, 동아리 등)의 목표를 안내하는 것입니다. 절차에 맞게 워크숍 목표를 안내하시면 됩니다.

 준비물

워크시트

(첫째 시간 분과별 연간 계획)

워크숍 목표 안내

■ 자신이 맡게 될 워크숍의 목표를 안내
■ 환영인사, 개최배경, 워크숍 목표,
워크숍 일정, 감사 일정 등을 안내

1. 환영인사

지난 '친구사랑 주간' 행사 치르느라 위원님들 모두 고생 많으셨어요.
오늘 2019학년도 분과별 연간계획 수립을 위해 모였습니다.

2. 개최배경 설명

3월 리더십 캠프에서 '개인별 목표찾기 - 학생자치를 통해
내가 이루고 싶은 것'을 통해 우리 학생자치회의 비전을 수립하고
공동의 목표를 세웠어요. 그 목표를 바탕으로 분과를 정했습니다.

3. 워크숍 목표 안내

오늘은 분과별 연간 계획을 수립하고자 해요.
세부적인
실현가능한 (시간, 장소, 예산 고려) 세부적 계획을 함께 만들어보겠습니다.

4. 워크숍 일정 안내

- 분과별 계획 수립 : 구체적 실현 방법 브레인스토밍 → 유목화

- 분과별 계획 공유

5. 감사 인사

오늘 수립된 분과별 계획은 분과장 협의에서 학생자치 도우미(교사)
와 함께 예산 협의 후 다음 모임 때 투표. 진행하겠습니다.

198

진행방법

① 환영인사 – 학기 중 한창 바쁜 시기에 이렇게 연수에 참여해 주셔서 정말 감사합니다. 오늘의 수고로움이 우리에게 큰 도움이 될 것이라 믿습니다. 저는 ○○○ 과정을 맡은 ○○○이라고 합니다. 학교의 문제를 스스로 해결한다는 것은 중요합니다. 정답은 현장과 함께 하는 선생님 앞에 있다고 믿기 때문입니다. 특히 오늘 선생님의 역할이 중요하다고 생각합니다. 학교를 변화시키는 가장 핵심 중의 핵심은 바로 선생님이라고 생각됩니다.

② 개최 배경 설명 – 오늘 워크숍은 경기도교육청에 학교문제 해결을 의뢰한 ○○지역 ○○○학교의 고민을 함께 해결해보는 시간입니다.

③ 워크숍 목표 안내 – 오늘 워크숍의 최종 목표는 ○○○학교에 개선 방안을 제안하는 것입니다. 000학교에서는 제안된 개선방안을 실천하고 3개월 뒤에 해결 과정을 발표할 예정입니다.

④ 워크숍 일정 안내 – 이번 워크숍은 총 2일에 걸쳐 진행되며, 한 회당 3시간으로 운영될 예정입니다. 오늘 워크숍은 저녁 6시에 끝납니다.

⑤ 감사 인사 – 소통과 공감의 시간이 될 수 있도록 노력하겠습니다. 감사합니다.

워크숍 목표 안내는 워크숍을 왜 하는지, 무엇을 목표로 하는지 참석자 모두 공유함으로써 밀도 있는 회의를 가능하게 합니다.

우리는 회의를 할 때 모든 사람들이 회의를 잘 알고 그 뜻을 잘 알고 올 것이라고 생각합니다. 하지만 회의를 왜 하는지 잘 모르고 오는 경우가 많습니다. 워크숍 목표 안내는 이러한 선생님들에게 우리 회의를 이끌어 주는 역할을 합니다.

네 생각을 열어줘
(생각 꺼내기)

회의에서 가장 중요한 것은 무엇일까요? 어떤 회의를 잘 된 회의라고 할까요? 저는 회의에서 가장 중요한 것은 '말'이라고 생각합니다. 구슬이 서 말이라도 꿰어야 보배라고, 아무리 좋은 생각이라고 하더라도 마음속으로만 품고 있다면 아무 쓸모가 없습니다. 생각을 마음껏 표현할 수 있어야 합니다. 누구나 편히 말을 할 수 있다면 그 회의는 잘 된 회의라 할 수 있을 것입니다.

회의의 시작 '말'

1. 이야기 귀신

서정오 선생님의『우리 옛이야기 백 가지』에 나오는 '이야기 귀신' 줄거리입니다.

> 옛날 옛적에 이야기를 듣기 좋아하는 아이가 있었습니다. 그 아이는 이
> 야기를 들으면 꼭 주머니에 꼭꼭 담아두었지요. 이렇게 주머니에 들어
> 간 '이야기'들은, 말을 못하게 되어 그만 귀신이 되었습니다. 이렇게 귀
> 신이 된 이야기들은 자기를 죽게 한 아이에게 복수하려 합니다.

　예로부터 '이야기가 오래 묵으면 그만 귀신이 된다'는 말이 있습니다. 이야기를 하지 못하고 참으면, 그 이야기가 귀신이 되어 사람을 괴롭힌다는 말이지요. 사람은 말을 나누고 소통해야 살 수 있는 존재란 뜻입니다.

　저도 이런 비슷한 경험을 해본 적이 있습니다. 제 아내는 학교에서 힘들고 억울한 일이 있으면 잠을 잘 못잡니다. 밤새 뒤척이다 저를 깨우곤 하지요. 한참동안 저에게 속상하고 억울한 이야기를 풀어 놓으면 자연스레 마음이 풀어지는 것 같습니다. 이내 언제 그랬냐 싶을 정도로 바로 잠을 잡니다. 하고 싶은 말을 다했기 때문입니다.

　회의에서 가장 중요한 것은 구성원들이 말을 하는 것입니다. 그것

이 좋은 회의의 시작입니다. 회의에서 자유롭게 말을 하지 못하게 되면 어떻게 될까요? 우리가 자유롭게 말하지 못함으로써 잃고 있는 것은 무엇이 있을까요? 마이클 풀란이 쓴『학교를 개선하는 교사』에는 다음과 같은 글이 있습니다.

> 교사들이 서로 생각을 나누기를 두려워하고, 문제를 만드는 것을 무서워하며, 다른 사람이 자기가 내어놓은 아이디어를 훔쳐가거나 덕을 볼까봐 새로운 아이디어를 내어놓는 것을 꺼려하고, 능력이 없다고 인정받을까봐 다른 사람들에게 도움청하기를 두려워하면, 그래서 효과도 없는데도 똑같은 방법을 쓰면 개인주의 철벽에 쌓이게 된다.
>
> – 마이크풀란, 『학교를 개선하는 교사』, 레인보우북스(2006)

말을 하지 못하면 새로운 방식을 제안할 수 없게 됩니다. 그냥 혼자 알아서 하는 것이죠. 혼자 알아서 하다보면 개인주의에 빠지게 됩니다. 개인주의는 그냥 하던 대로 하는 학교, 성장과 발전 없는 학교를 만듭니다.

2. 브레인스토밍

생각 꺼내기 단계는 다양한 의견과 아이디어를 마음껏 발산하는 단계입니다. 애덤그랜트는 '독창적인 사람이 되고 싶다면, 작업량을 늘리는 것이 가장 중요하다. 그것도 엄청나게 말이다. 독창성을 발휘하는데 실패하는 이유는 몇 개의 아이디어만 생각해내고, 그것을 완벽해질 때 까지 다듬고 수정하는데 집착하기 때문이다* 라고 말하고 있습니다. 깊게 파기 위해서는 넓게 파야 하는 법입니다. 최대한 많은 아이디어를 만드는 것이 생각 꺼내기 단계의 목표입니다.

▶ 브레인스토밍 4대원칙 ◀

① 비판금지: 어떤 제안에 대해서도 평가를 해서는 안 된다.
② 자유분방: 엉뚱하거나 비현실적인 아이디어라 할지라도 모두 환영한다.
③ 수량추구: 아이디어는 많으면 많을수록 좋다.
④ 결합개선: 타인의 아이디어에 편승하여 새로운 아이디어로 발전시키는 것을 환영한다.

비판금지, 자유분방, 수량추구, 결합개선은 브레인스토밍의 4대 원칙입니다. 만약 우리 학교에서 다양한 아이디어가 나오지 않는다면 이 4가지 원칙을 살펴볼 필요가 있습니다. 다음은 작년 ○○초등학교 교육과정 워크숍에서 있었던 일입니다.

---

*　애덤그랜트, 『오리지널스』, 한국경제 신문사(2016)
**　정문성, 『토의 토론 수업방법 84』, 교육과학사(2017)

○○초등학교 교육과정 워크숍 날입니다. 3일 동안 진행된 워크숍의 마지막 날입니다.

그런데 한 모둠의 분위기가 이상합니다. 옆으로 조용히 다가가 지켜봅니다. '아 선생님 그건 말이죠, 안돼요, 아 그건 예전에 했었는데⋯⋯.' 새내기 교사가 나름 고민한 아이디어를 내면, 옆에 있는 교사가 자꾸 설명을 합니다. 몇 번 이렇게 하니 어느덧 입을 다뭅니다. 끝나고 속상한 마음을 표현하십니다.

"그냥 제 의견을 말한 것뿐인데 자꾸 설명을 하시니, 괜히 제가 쓸데없는 말 하는 것 아닌가 걱정됐어요. 솔직히 평가받고, 지적받는 느낌도 들어요."

좋은 의도로 한 도움이, 누군가에게는 평가처럼 느껴집니다. 브레인스토밍이 잘되기 위해서는 평가와 지적을 받는다는 느낌이 들지 않도록 해야 합니다. 생각 꺼내기 단계에서 명심해야 할 부분입니다.

3. 그림으로 생각 꺼내기

그림으로 생각을 꺼내는 방법은 크게 자유롭게 그리는 방법과 형식을 제시하는 방법, 두 가지로 구분할 수 있습니다.

하나. 자유롭게 표현하는 소셜픽션

소셜픽션은 공상과학 소설처럼 먼 미래의 사회를 **예측**해보고, 지금 그 예측에 도달하기 위해서는 **필요한 것**이 무엇인지를 상상해보는 프로그램입니다.*

 준비물

포장박스, 색연필(크레파스), 큰 포스트잇

 진행방법

① 주제를 확인합니다. – 미래학교

② 미래 학교의 모습을 그림, 단어, 문장 등을 활용해서 상상해봅니다.

③ 꿈꾸는 미래 학교를 위해 필요한 것(요구합니다)과 약속할 것이 무엇이 있는지 찾아봅니다.

④ '요구합니다.'와 '약속합니다.'를 정리합니다.

⑤ 모둠별 발표를 합니다.

소셜픽션 예시자료. '꿈꾸는 전문적 학습공동체'

---

*   더 이음. 상상력이 세상을 변화시킨다, 소셜픽션 中에서

소셜픽션

소셜픽션의 핵심은 '요구합니다와 약속합니다.'입니다. 자신의 권리만 주장하는 것이 아니라 구성원으로써 책임을 함께 하는 활동이기 때문입니다. 소셜픽션은 학생들과 캠페인 활동을 할 때도 좋은 방법입니다. 자신들이 원하는 것을 꿈꾸고, 그 꿈을 위해 학교나 지역에 필요한 것을 요구하고, 학생 스스로도 노력해 볼 것이 무엇인지 돌아볼 수 있기 때문입니다.

ⓠ 소셜픽션은 학급과 학교에서 어떻게 활용할 수 있을까요?

ⓐ 새 학기 시작 전에 학생들과 새 학기에 하고 싶은 일을 소셜픽션으로 그린 후 복도에 전시해요. 서로의 소셜픽션을 보고 자유롭게 의견을 모으는 과정으로 사용하면 좋을 것 같아요.

ⓑ 저는 우리가 바라는 학교를 소셜픽션을 활용해서 이야기 하면 좋을 것 같아요. 서로 지향하는 학교에 대해 알 수 있고, 약속도 정할 수 있을 것 같아요.

둘. 형식을 제시하는 방법

그림의 형식과 틀을 제시하여 그리는 방식입니다.

형식을 제시하는 방법 예시자료. '우리가 기대하는 학생 모습'

 준비물

이젤패드, 필기도구, 포스트잇

① 주제를 확인 합니다. – '우리가 기대하는 학생'

② 형식과 틀을 확인합니다. – 나무로 표현하기

③ 모둠에서 한 명이 나무를 그립니다. 이때 뿌리, 줄기, 열매가 모두 표현합니다.

④ 포스트잇을 사용하여 뿌리 부분에 현재 우리 아이들의 상황과 실태를 적습니다.

⑤ 열매 부분에는 우리 학교를 졸업한 학생들이 이런 모습이었으면 좋겠다는 희망을 적습니다.

⑥ 줄기 부분에는 현재 상태에서 꿈꾸는 모습으로 가기 위해 학교에서 노력해야 할 부분을 적습니다.

⑦ 모둠에서 공유합니다.

 TIP   형식을 제시하는 방법 '우리가 기대하는 학생'

우리가 기대하는 학생은 사람으로도 표현 가능합니다. 온 몸이 나오게 사람을 그린 후 머리, 가슴, 손, 발에 우리가 기대하는 학생의 인지, 정서, 행동적인 면을 쓰는 것이죠. 한마디로 말해서 학생상을 세우는 것입니다. 같은 방법으로 교사상, 학부모상도 세울 수 있습니다.

3. 마인드맵 형태로 생각 꺼내기

 마인드맵 발산법

마인드맵은 지도를 그리듯이 자신의 생각을 자유롭게 표시하는 방법입니다.

 준비물

이젤패드, 매직

 진행방법

① 종이에 주제(중심 단어)를 적습니다. – 아이스크림

② 주제(아이스크림)하면 떠오르는 생각을 단어로 적습니다.

③ 모둠에서 공유합니다.

마인드맵 예시자료

4. 무작위 단어법(랜덤워드)

 무작위 단어법(랜덤워드)

무작위 단어법(랜덤워드)은 주제와 관계없는 단어를 통해 새로운 아이디어를 만들어내는 방법입니다.

 준비물

이젤패드, 포스트잇, 매직

 진행방법

① 주제와 상관없는 단어를 무작위로 선택합니다. (예: 아이스크림)

② 선택된 단어와 관련된 내용을 적습니다.

③ 원래 다루고자 한 주제를 제시합니다. (소통)

④ 다루고자 한 3번의 주제와 2번의 내용을 연결하여 새로운 아이디어를 만듭니다.

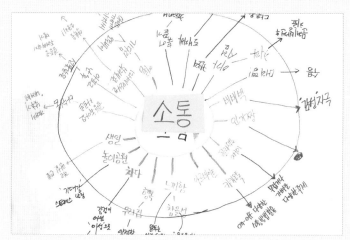

무작위 단어법(랜덤워드) 예시자료. 아이스크림과 소통 연결

마인드맵과 무작위단어법은 창의력을 높일 때 사용하면 좋은 방법입니다. 특히 무작위단어법은 더 이상 아이디어가 나오지 않을 때 사용하면 효과적입니다. 예컨대, 어떻게 하면 소통을 잘 할 수 있을까? 라고 질문을 하면 나올 수 있는 방법은 한정적입니다. 만약 아이스크림과 소통을 연결하면 어떨까요? 엉뚱하고 이상한 답도 나오겠지요. 너무 엉뚱하다고요? 괜찮습니다. 기발하고 창의적인 생각은 엉뚱함에서 나오는 법입니다.

5. 사발통문

 사발통문

사발통문은 하나의 주제에 대해 돌아가면서 의견을 적는 방법입니다.

 준비물

이젤패드, 매직

 진행방법

① 종이 가운데 원을 그리고 주제를 적습니다. (기분이 좋아지는 말)
② 순서대로 돌아가면서 의견을 적습니다.
③ 의견이 없을 시에는 '통과'를 할 수 있습니다.

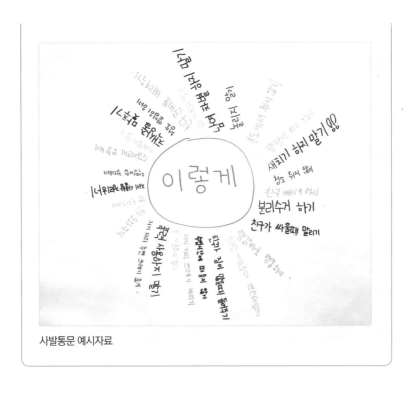

사발통문 예시자료

　사발통문은 학급 규칙으로 정할 때 효율적입니다. 저희 반은 학기 초에 우리 반에 있으면 좋은 생활 규칙을 학생들 스스로 정하게 합니다. 이때 벌을 주거나 힘들게 하는 방법이 아니라 자기 자신과 학급에 도움이 되는 방법으로 적도록 안내합니다. 학생들 사이에 다툼과 갈등이 있을 때, 제가 직접 해결방법을 제시하기 보다는 '너는 어떻게 했으면 좋겠니? 사발통문에서 선택해보렴.'이라고 말합니다. 선택하고 결정할 수 있는 자기 결정권을 주는 셈이지요. 자기 스스로 선택했기에 책임감도 높아지는 것은 당연한 일입니다.

A4 종이로 생각 꺼내기

'A4 종이로 생각 꺼내기' 활동은 사전에 제작된 워크시트를 활용하여 아이디어를 발산하는 방법입니다. 많은 수의 참여자들이 동시 다발적으로 활동하기 좋은 방법입니다.

1. 역장분석으로 분석하는 '수업'

대한민국의 모든 교사는 최고의 수업을 꿈꿉니다. 우리 주위를 살펴보면 수업이 잘되게 돕는 힘도 있지만 수업을 망치게 하는 부정적인 힘도 있습니다. 이 두 힘을 잘 파악하고 있다면 더 좋은 수업을 할 수 있지 않을까요? 이 두 힘을 파악할 수 있는 도구가 있습니다. 역장분석입니다.

 역장분석(Force Field Anyalysis)

역장분석은 상황을 이끌어가는 긍정적인 힘과 상황을 방해하는 부정적인 힘을 종합적으로 평가하고 진단하는 도구입니다.

 준비물

역장분석 워크시트

진행방법

① 주제를 확인 합니다. - 수업

② 워크시트를 확인합니다. 왼쪽은 '수업을 돕는 힘(상황)', 오른쪽에는 '수업을 방해하는 힘(상황)'입니다.

③ 돕는 힘(상황)과 방해하는 힘(상황)을 적습니다.

④ 항목별 점수를 줍니다. 이때 강한 힘은 5점을, 약한 힘은 1점을 줍니다.

⑤ 수업을 돕는 힘(상황)과 방해하는 힘(상황)을 파악합니다.

평화로운 반			
돕는 힘(+)		방해하는 힘(-)	
4	1. 친구 싸울때 말린다.	1. 감정적으로 행동하기	4
4	2. 비속어 쓰지 않는다	2. 싸우고 오하기	5
5	3. 폭력을 쓰지 않는다	3. 싸울때 방관 하기	4
3	4. 짜증내지 않는다.	4. 쓰레기 바닥에 버리기	4
4	5. 놀리지 않는다	5. 따돌리기	5
5	6. 친구를 존중, 배려,양보한다	6. 놀리기	5
5	7. 싸우지 않는다.	7. 친구 물건 배앗아 가기	5
3	8. 쓰레기를 처리한다.	8. 시비걸기	5
5	9. 따돌리지 않는다	9. 거짓말 하기	4
4	10. 친구물건가져가지 않는다	10. 큰소리로 소리치기	4

역장분석 예시자료. 평화로운 반

역장분석은 학기 초 학급 세우기에 자주 사용합니다. 역장분석을 통해 우리 반의 평화를 위해 돕는 힘과 방해하는 힘을 파악합니다. 그 중 가장 큰 문제가 될 수 있는 것은 하지 말아야할 3무(無)로 정합니다. 반대로 평화로운 반을 위해서 함께 하면 좋을 것은 3(行)으로 정해서 실천하고 있습니다. 역장분석은 어떤 주제에 대한 긍정적 상황과 부정적 상황을 전체적으로 파악하기에 좋은 방법입니다.

같은 방법으로 학교 생활규칙을 정할 수 있습니다. 지난 학교의 일입니다. 학생 다모임을 통해 학교에 생활하면서 좋았던 일과 힘들었던 일을 이야기 나눴습니다. 그 중 정말 중요하다고 생각하는 것은 학교 생활규칙으로 만들었습니다. 이렇게 만든 생활규칙을 알림판으로 만들어 복도에 전시를 했습니다. 간혹 복도에서 뛰어다니는 아이들이 있습니다. 어쩔 수 없이 잔소리를 합니다. 그런데 이 알림판이 생긴 이후로 잔소리가 줄었습니다. 그냥 저기 그 알림판 내용은 가리키는 것만으로도 충분히 되었죠. 모든 것이 학교 규칙을 함께 공감하며 만들었기에 가능한 일입니다. 역장분석은 이렇게 공감하는 학교 규칙을 만들 때 좋습니다.

수업		
돕는 힘(+)	방해하는 힘(−)	
1.	1.	
2.	2.	
3.	3.	
4.	4.	
5	5	
6.	6.	
7.	7.	
8.	8.	
9.	9.	
10.	10.	

2. 만다라트로 해결방법 찾기

만다라트 기법은 일본의 야구 선수 오타니 쇼헤이가 사용해서 유명해 진 방법으로 목표를 구체적으로 계획할 때 좋은 방법입니다. 학교에 서는 '연꽃기법'으로 알려져 있습니다.

8개구단 드래프트 1순위가 되기 위해 필요한 것을 몸만들기, 제구, 구위, 멘탈, 스피드, 인간성, 운, 변화구로 정한 후 각 요인별 전략을 세 운 것입니다.

 준비물

만다라트 워크시트

 진행방법

① 중앙에 목표를 적습니다 – '올해 목표'
② 올해 이루고 싶은 목표를 적습니다. (이때 8개를 채울 필요는 없음)
③ 목표를 주변 만다라트에 적습니다.
④ 각 목표별 구체적인 실행 계획을 작성합니다.
⑤ 각 목표별 구체적인 실행 계획을 작성합니다.

만다라트는 어떻게 활용 가능할까요? 저는 만다라트를 국어 수업에 자주 씁니 다. 책을 읽고 난 후 만다라트를 활용해서 인물, 사건, 배경으로 내용을 정리합니 다. 영화 줄거리를 발단, 전개, 절정, 결말로 간추릴 때도 좋습니다.

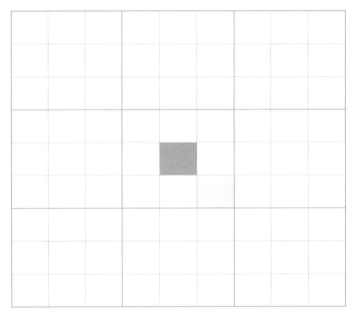

안전 교육	사전 연습	자전거 수리 장법				좋아 하는 것 알기	잘하는 것 알 기	과학 동아리
자전거 등교시간 파악	자전거 등교	보험 가입				선배 찾기	동아리 참여	예체능 동아리
자전거 안전 장비	친구 모집	자전거 카페에 가입				신청 방법	모집 인원	담당 선생님
			자전거 등교		동아리 참여			
				2019 새 학기 프로젝트				
			갈등 해결 방법 익히기		공부			
나 전달법	많은 친구보다 소중한 친구	관찰하기				예비 중학생 문제집	수학 복습노트	친구 모집
당당하게 말하기	갈등해결 방법 익히기	회피하지 않기				질문하기	공부	정해진 시간
도움 받는 방법	나부터 평화롭게	친절하게 말하기				부모님 도움	학원도 고민해 보기	독서토론

만다라트 예시

만다라트 워크시트

포스트잇으로 생각 꺼내기

요즘 많은 혁신학교에서 포스트잇을 활용한 워크숍을 많이 진행합니다. 때로는 포스트잇을 필요 이상으로 사용하는 경우가 있습니다. 그래서 혁신학교 연수는 '포스트잇 쓰다 끝난다'라는 비판을 종종 받기도 합니다. 심한 경우는 포스트잇 노이로제에 걸렸다는 분들도 있습니다. 포스트잇이라는 도구를 자주 사용하는 입장에서 미안하고 죄송스러운 일입니다. 도구를 쓸 때는 왜 그것을 사용하는가에 대한 고민이 필요합니다. '왜'라는 단어가 빠지고 기법만 남으면 학교를 힘들게 하는 원인이 되기도 합니다.

회의에서 가장 중요한 일이 말을 통해 자신의 의사를 표현하는 것이라 안내드렸습니다. 그런데 말은 어떤 단점이 있을까요? 말은 금방 사라집니다. 휘발성이 강하죠.

혹시 이런 경험 있지 않나요? 정말 좋은 아이디어와 생각들로 넘쳐나는 회의였는데, 끝나고 나면 아무것도 기억하지 못하는 회의, 누구나 한 번쯤 겪어 봤을 일입니다. 포스트잇은 이렇게 사라지는 좋은 말들을 잡아두기 위한 도구입니다. 말을 잡아두기 위해 글로 기록하는 것이지요. 한 마디로 포스트잇은 말을 기록하는 도구입니다.

퍼실리테이션에서 포스트잇은 그리 단순한 도구가 아닙니다. 포스트잇은 나를 대신합니다. 내 뜻을 적어두었기 때문이지요. 그래서 뜻이 명확히 잘 드러나도록 매직펜을 이용해서 굵은 글씨로 표시하면 좋습니다. 한 마디로 포스트잇은 나를 나타내고, 대표하는 상징이라 할 수 있습니다. 또 포스트잇에 내용을 적기 위해서는 말하는 사람의 이야기를 잘 들어야 합니다. 포스트잇은 경청의 증거가 됩니다.

1. 육각 포스트잇으로 문제와 원인 찾기

부산시교육청 교원힐링센터에서 교사들이 심리 상담을 받은 건수가 2016년도 하반기 144건에서 2017년 683건으로 급증하더니 2018년에는 714건으로 더욱 늘었다고 한다. 자가진단 검사에서는 '직무 스트레스'와 함께 '우울증' '번 아웃(탈진증후군)' 관련 부분이 크게 증가한 것으로 나타났다. 학생·학부모의 폭언과 괴롭힘에 시달리는 교권 추락의 현실이 갈수록 심각성을 더하고 있다는 증거가 아닐 수 없다.

모욕적 언사, 성희롱, 폭행, 과도한 간섭 등 그 사례를 열거하자면 한도 끝도 없다. 멱살을 잡히거나 뺨을 맞고 심지어 빗자루에 폭행당하는 충격적인 사건이 끊이지 않는다. 정신적 고통과 함께 육체적 부상까지 걱정해야 할 지경으로 교권은 바닥을 모른 채 추락했다. 학생·학부모와 감정싸움이 커져 고소·고발 등이 겹치면 힘겨운 법적 분쟁까지 감내해야 한다. 예기치 못한 부상에 대비하거나 혹은 법률비용을 지원받기 위해 각종 사보험에 가입하는 교사가 급증한다는 소식은 그래서 참으로 씁쓸하고 우울하다.

– 부산일보. '보험 들고 심리상담 받고… 갈수록 흔들리는 부산 교권' 기사 中에서

여러분은 번아웃증후군이라고 들어보셨나요? 어떤 일에 지나치게 몰두하고 에너지를 모두 소비해버려 정신적, 육체적으로 탈진되는 상황을 말합니다. 해야 할 일들이 많을 때 소진되는 것이지요. 학교에서 교사들은 번아웃증후군에 쉽게 노출됩니다. 생활지도와 수업, 각종 행사와 공문 작업, 늘어나는 민원이 학교의 일상이 되었습니다. 육각 포스트잇으로 교사를 힘들게 하는 문제와 그 원인을 찾아보겠습니다.

 육각포스트잇으로 문제와 원인 찾기

 준비물

색이 다른 육각포스트잇 2묶음, 필기도구, 이젤패드

진행방법1 – 문제와 원인 공유

① T차트를 그린 후 맨 위에 문제와 원인이라 씁니다.
② 색깔이 다른 육각 포스트잇에 교사를 힘들게 하는 문제와 그 원인을 찾아서 씁니다.
③ 각자 생각하는 문제와 원인을 공유합니다.

문제와 원인 공유

진행방법2 – 육각포스트잇으로 핵심 문제와 원인찾기

① 서로의 문제와 원인을 연결 합니다.

② 진짜 중요한 문제가 무엇인지, 원인이 무엇인지 찾습니다.

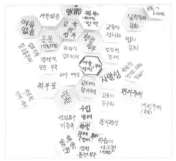

핵심 문제와 원인 찾기

이 활동을 통해 문제와 원인을 연결하셨나요? 어떤 것이 가장 많이 연결되고 있나요? 아마도 가장 많이 연결된 것이 핵심 문제와 원인이라 할 수 있을 것입니다. 문제 해결을 잘하기 위한 첫 걸음은 무엇일까요? 많은 분들이 좋은 해결방법을 찾는 것이라 말씀하십니다. 그런데 혹시 이런 경험이 있지 않으신가요? 나는 정말 심각한 문제라 생각해서 애가 타는데, 다른 사람은 왜 그것이 문제냐고. 별일 아니라고 한적 있지 않나요? 문제를 해결하기 위해 가장 먼저 해야 할 일은 그것이 우리의 문제라 생각하는 것입니다. 문제라 생각하지도 않는데 아무리 좋은 해결방법을 제시한들 무슨 소용이 있을까요? 결국 문제 해결은 '공감'에서 시작해야 합니다.

2. 가감창제로 '번아웃증후군'을 해결하라

가감창제는 '더할 가, 줄일 감, 새로울 창, 없앨 제'의 줄임말입니다. 어떤 문제를 해결하기 위해 더 해야 할 일, 줄여야 할 일, 새롭게 시작할 일, 없애야 할 일을 찾는 기법입니다.

가감창제는 어떤 문제를 해결하기 위해 '더 해야 할 일, 줄여야 할 일, 새롭게 시작할 일, 없애야 할 일'을 찾는 좋은 방법입니다. 저는 학급에서도 가감창제 활동을 자주 활용합니다. 그런데 중저학년 아이들에겐 어려운 활동입니다. '더해야 하는 일과 새롭게 할 일'이 무엇인지 헷갈려하지요.

그래서 저는 학급에서 'Keep-stop-start'라는 기법을 주로 사용합니다. 계속할 것, 그만할 것, 새롭게 할 것이라고 구분해서 단순 명료하게 안내를 하죠. 이처럼 퍼실리테이션의 도구는 상황과 구성원에 맞게 재구성할 필요가 있습니다.

가감창제

 준비물

이젤패드(전지), 포스트잇, 매직

진행방법1 – 문제와 원인 공유

① 2×2 바둑판을 그립니다.

② 각 면은 가(더 해야 할 것), 감(줄여야할 것), 창(새롭게 해야 할 것), 제(없애야 할 것)를 의미합니다.

③ 번아웃중후군을 해결하기 위해 가감 창제할 내용을 포스트잇에 적습니다.

④ 해결방법을 공유합니다.

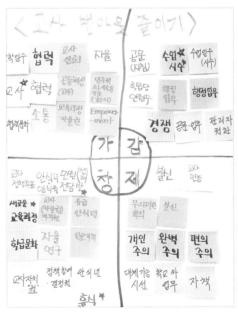

가감창제 예시자료

맥락을 찾아라
(생각 모으기)

전 시간에 아이디어를 발산하는 생각 꺼내기 활동을 했습니다. 모아진 포스트잇을 보면 어떠신가요? 누가 시키지도 않았는데 비슷한 것끼리 분류를 하시진 않았나요? 포스트잇이 모이면 이상하게 자꾸만 비슷한 생각을 모으는 활동을 하게 됩니다. 이것은 인간의 자연스러운 본능입니다.

우리는 왜 분류를 하는가?

> 연필, 볼펜, 유성매직, 우유, 라면, 피자, 축구, 줄넘기, 피구, 자전거, 승용차, 버스

다음은 무작위로 뽑은 12개의 물건들입니다. 그럼 게임을 해볼까요? 지금부터 12개의 물건을 30초 안에 최대한 많이 기억하는 것입니다. 지금부터 시간을 재도록 하겠습니다. 어떠신가요? 잘 기억이 나시나요? 어려우시다구요? 선생님들의 지능이 떨어져서가 아닙니다. 우리의 뇌는 3-4개 정도까지는 잘 소화합니다. 그러나 그 이상을 넘겨버리면 감당하지 못합니다.*

- **필기구**: 연필, 볼펜, 유성매직
- **먹거리**: 우유, 라면, 피자
- **운동**: 축구, 줄넘기, 피구
- **교통수단**: 자전거, 승용차, 버스

인간의 뇌는 빠른 정보처리를 위해 비슷한 단어나 이미지를 모아서 '분류'를 해왔습니다. 분류는 놀라운 과정이기도 합니다. 그저 나 혼자만의 생각인줄 알았는데 생각들이 모여 우리의 의견이 되고, 학교의 정책이 되는 놀라운 역동을 만들어 냅니다. 생각을 모으는 분류의 힘입니다.

---

* 백승권, 「보고서의 법칙」, 바다출판사(2018), p126

트롤리 딜레마

트롤리 딜레마에 대해서 알고 계신가요? 트롤리는 도로 위 레일을 따라 움직이는 전동차를 말합니다. 트롤리 딜레마는 인간의 도덕성을 확인한 유명한 실험으로 '다수를 위해 소수는 희생될 수 있는가?' 에 대한 질문을 던지고 있습니다.

〈장면1〉

전차가 운행 중 이상이 생겨 제어 불능 상태가 되었습니다. 이대로는 선로에 서 있는 5명이 치여 죽고 맙니다. 그런데 다행히도 내 옆에 선로 전환기 옆에 있고, 전환기를 돌리면 전차를 다른 선로로 보냄으로써 5명을 살릴 수 있습니다. 하지만 문제는 그 다른 선로에 1명이 있어서 그 사람이 치여 죽고 맙니다. 어느 쪽도 대피할 시간은 없습니다. 당신은 어떤 선택을 할 것인가요?

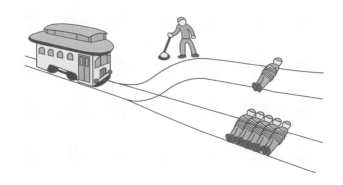

장면을 보고 여러분들은 어떤 선택을 했나요? 우리는 이 장면을 보고 서로의 생각을 확인해보기 위해 짝 인터뷰 활동을 진행해볼 수 있습니다.

◀ 짝 인터뷰 활동 ▶

짝 인터뷰 활동은 회의에서 논쟁이 되는 이야기를 짝과 이야기하고 생각을 나누는 활동입니다. 마주이야기 혹은 짝 토론이라고도 합니다.

실제 '트롤리 딜레마' 실험했더니

벨기에 겐트대학(Ghent University) 사회심리학과의 드라이스 보스틴 (Dries Bostyn) 등은 약 200명의 참가자들을 대상으로 생쥐 우리에 전기 충격을 주는 실제 상황에서의 트롤리 딜레마 실험을 했다.

······ 〈중략〉 ······

최종적으로 이 실제 상황에서 벌어진 실험에서 84%의 학생들이 버튼을 눌렀다. 다시 말해 5마리를 살리고 대신 1마리를 죽이는 선택을 의도적으로 한 것이다.

– ScienceTimes. 실제 '트롤리 딜레마' 실험했더니 84%가 전기쇼크의 스위치 눌러.
심재율 객원기자 . 2018.05.15

벨기에 겐트대학에서 쥐를 대상으로 한 트롤리 실험에서는 84% 학생들이 5마리의 쥐를 살리고 1마리를 죽이는 선택을 했다고 합니다.

대부분의 사람들이 다수를 위해 소수의 희생을 받아들인 것이지요.
그렇다면 다음의 장면은 어떨까요?

〈장면2〉

앞의 문제와 동일하게 전차가 달리고 있습니다. 마찬가지로 그 앞에는
5명이 있고 달아날 틈이 없습니다. 그러나 다행히도 당신이 구름다리
위에 있습니다. 뭔가 무거운 물체를 떨어뜨려 전차를 탈선 시키면 5명
을 구할 수가 있습니다. 그런데 문제는 당신 근처에 있는 무거운 물체라
고는 지나가는 사람이 있을 뿐입니다.* 당신은 지나가는 사람을 밀어 5
명을 살릴 것인가요?

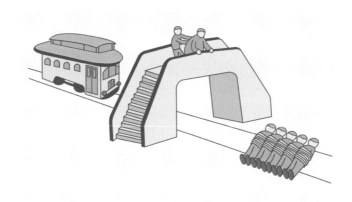

---

* 위키백과 '광차문제' 참조

만약 선생님이라면 어떤 선택을 할 것인가요? 5명과 1명 중 누구를 살릴 것인가요?

이야기를 해보면 대부분의 선생님들은 다수를 위해 소수를 희생하는 것은 안 된다고 말씀하십니다. 무엇 때문에 우리의 생각이 바뀌게 된 것일까요?

전자의 경우에는 다수를 위해서 소수가 희생되어도 좋다는 선택을 하고, 후자의 경우에는 어떤 경우에라도 다수를 위한다는 명목으로 소수가 희생되어서는 안 된다는 선택을 하게 될까? 우리의 변덕 때문일까? 아니다. 프레임, 즉 맥락이 다르기 때문이다. 맥락을 고려하지 않고 어떤 판단을 내리기란 어렵고, 맥락을 공유하지 않은 사람들끼리 의견 일치를 보기란 불가능에 가깝다.

우리는 다수를 위해서는 소수가 희생되어도 된다고 생각하는 존재이면서, 동시에 어떤 경우에라도 다수를 위한다는 명분으로 소수가 희생되

어서는 안 된다고 생각하는 이중적인 존재다. **프레임의 변화, 즉 맥락의**

변화는 이처럼 우리에게 다양한 얼굴을 만들어 낸다.

― 최인철, 『프레임』, 21세기북스(2016)

그 이유는 바로 맥락으로 바뀌었기 때문입니다. 선로 전환기로 결정할 때는 5명을 살리는 것에 초점을 맞추지만, 내 손으로 밀 때는 1명을 죽이는 일에 초점이 맞춰집니다. 이렇게 맥락이 바뀌면 판단과 선택역시 달라집니다.

맥락을 고려하지 않고 어떤 판단을 내리기란 어렵고, 맥락을 공유하지 않은 사람들끼리 의견 일치를 보기란 불가능에 가깝습니다. 그렇다면 맥락이란 무엇일까요?

맥락은 상황이다

몇 해 전의 일입니다. 새로운 학교에 전입을 가게 되었지요. 두근대는 마음으로 교무실에 들어갔습니다. 교감 선생님께서 3학년에 담임으로 배정되었다고 말씀하십니다. 보통 전입교사는 6학년이나 1학년에 배정하는데 3학년에 배정해줘 정말 고마웠습니다. 배려해줘서 몇 번이나 고맙다고 인사드립니다. 돌아오는 길에 따뜻한 학교라 생각합니다.

그런데, 3월이 되자 왜 나를 3학년으로 보냈는지 알게 되었습니다. 끊임

없이 민원을 제기하는 학부모가 있었습니다. 3월 한 달 동안에만 받은 민원이 30개가 넘습니다. 화가 나기 시작합니다. 학교 사정을 전혀 모르는 전입교사를 이런 반에 배정한 것에 화가 납니다. 이 학교는 이기적이라고 생각합니다.

불과 한 달 사이에 맥락이 바뀌었습니다. 따뜻한 학교에서 이기적인 학교로 바뀌게 된 것이지요. 맥락이 바뀐 이유가 뭘까요? 맥락이 바뀐 이유는 '민원 학부모'라는 상황 때문입니다. 민원을 제기한 학부모가 없는 상황에서는 '배려'하는 학교지만, 민원학부모가 있는 상황은 '이기주의' 학교를 만듭니다. 맥락은 상황입니다. 맥락을 이해한다는 것은 그렇게 말할 수밖에 없는 상황을 존중한다는 뜻입니다.

때문에 상대방의 맥락을 이해하기 위해서는 그렇게 말하는 이유를 경청해야 합니다. 잘 듣기 위해서는 시간이 필요합니다. 각자가 그렇게 쓴 이유를 충분히 듣고 나눌 필요가 있습니다. 하지만 학교의 현실은 어떤가요? 분류 단계에서 흔히 하는 실수가 있습니다. 빠르게 마무리 하려는 마음입니다. 이런식으로 말이죠.

우리 중 누가 가장 어리죠? 권 선생님이 막내네요. 권 선생님이 알아서 분류해 봐요. 아주 빠르게 잘했네요. 역시 젊은 교사는 달라.

하지만 그 사람이 그렇게 말하는 맥락이 빠진 분류는 또 다른 갈등의 시작이 되기도 합니다. 몇 해 전 연구회에서 함께 하고 싶은 활동을 선정한 적이 있습니다. 여행이 선정되었지요. 여행 장소와 일정, 역할 분담까지 일사천리로 진행되었습니다. 그런데 한 선생님의 얼굴이 어둡습니다. 왜 그런지 여쭈어 보았습니다. 자신이 여행이라 한 이유는 '내년도 활동을 함께 모여서 정해보자'라는 것이었는데 다른 분들은 정말 여행만 목적인 것 같아 불편하다고 했습니다.

퍼실리테이터가 생각을 모으는 분류 단계에서 신경 써야 할 부분입니다. 구성원의 발언 배경에 있는 맥락을 이끌어 내고 서로 연결해야 합니다. 맥락을 공유하지 않는 빠른 분류는 상대방을 이해할 수 있는 역지사지의 기회를 잃게 됩니다. 나아가 또 다른 갈등의 시작이 되기도 합니다. 생각을 모으는 분류의 목적은 단순히 드러난 내용을 가르는 것이 아니라 숨어 있는 맥락을 공유하는 것입니다.

KJ 기법

KJ기법은 일본의 문화인류학자인 '가와기다 지로'가 개발한 창의성 발상법입니다. 아이디어를 카드를 사용하여 시각적인 형태로 구조화해 가는 장점이 있습니다.[*]

---

[*] 호리 기미토시, 『문제해결을 위한 퍼실리테이션 기술』, 일빛(2005), p151

1. 1단계: 생각 꺼내기

교사의 번아웃증후군을 막을 수 있는 가장 좋은 방법은 휴식입니다. 많은 교육청에서 소진되는 교사들의 재충전을 위해 연구년 제도를 운영하고 있습니다. 만약 선생님들에게 1년의 연구년이라는 시간이 주어진다면 무엇을 하고 싶으신가요? 6·3·5브레인라이팅으로 아이디어를 발산해보겠습니다.

 6·3·5브레인라이팅

6·3·5브레인 라이팅은 6명이, 3개의 아이디어를, 5분 동안 기록하는 생각 꺼내기 방법입니다. 좋은 해결책을 위해서는 많은 아이디어가 필요하다는 '질은 양에서 나온다'라는 법칙에 따른 방법입니다.

 준비물

A4종이, 이젤패드, 포스트잇, 매직

 진행방법

① 주제를 확인합니다. (주제: 1년의 연구년이 주어진다면 하고 싶은 활동은?)

② 6·3·5 방법을 확인합니다.

   ❶ 아이디어 3개 적기

   ❷ 5분 지나면 옆 짝에게 전달

③ 결합발전: 서로의 아이디어를 결합하여 새로운 생각 꺼내기

6·3·5브레인라이팅을 하면 이런 점을 발견하게 됩니다. 맨 처음 적었던 의견들은 누구나 생각할 수 있는 평범한 아이디어인데 아래로 갈수록 구체적으로 변합니다. 구체적인 아이디어는 실천으로 연결될 확률이 높습니다.

6·3·5브레인라이팅의 핵심은 모둠 구성원들과 함께 하기입니다. '혼자서 아이디어 20개를 써보세요.' 라고 하면 금방 지치고, 생각이

쉽게 떠오르지 않는 경우가 많습니다. 이럴 때 필요한 것이 다른 사람의 생각입니다. 구성원들의 아이디어에 힌트를 얻어 새로운 생각을 꺼내는 것이지요. 이렇게 서로의 아이디어를 결합하여 좋은 해결책을 찾는 것이 6·3·5브레인 라이팅의 목적입니다.

2. 2단계: 분류하기

'나에게 1년의 연구년이 주어진다면(6·3·5브레인라이팅)'의 아이디어를 분류를 합니다.

 진행방법

① 지금까지 논의한 내용을 분류합니다.
② 비슷한 것은 밑으로 보냅니다.
③ 새로운 것은 옆으로 붙입니다.
④ 포괄할 수 있는 개념을 정합니다.

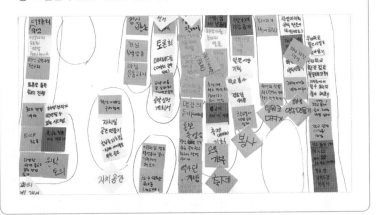

포스트잇은 단순한 도구가 아닙니다. 내 뜻을 적은 것이기에 나를 대표합니다. 모두 소중하게 여기지요. 그런데 우리는 생각을 모으는 분류 단계에서 이런 실수를 종종 합니다.

"A선생님의 의견은 이 의견과 같네요."

몇 해 전 교육과정 돌아보기 회의를 할 때 입니다. A 선생님이 적은 포스트잇을 다른 선생님께서 마음대로 이동하여 분류를 하셨지요. A 선생님의 얼굴이 굳어지더니 회의가 끝날 때까지 그 선생님은 침묵하셨습니다.

의견을 분류할 때는 꼭 그 포스트잇을 쓴 선생님에게 의견을 물어 이동합니다. 이렇게 작성자의 동의를 얻어 분류를 하고, 동의를 하지 않는 경우에는 그대로 둡니다.

3. 3단계: 관계 파악

그룹 사이의 관계를 화살표를 그려 넣어 한 눈에 파악해보는 방법입니다.

분류된 내용의 관계를 파악하면 어떤 점이 좋을까요? 2017년 연구년을 할 때의 일입니다. KJ기법으로 연구년 선생님들과 상반기 계획을 세운 후 관계를 파악했습니다.

연구년 선생님들은 '재충전을 통한 회복'을 시작으로 '관계 맺기'와

진행방법

그룹사이의 관계를 화살표를 그려 넣어 파악해봅니다.

예시)

① 원인과 결과로 관계 파악

② 시간 순서로 관계 파악

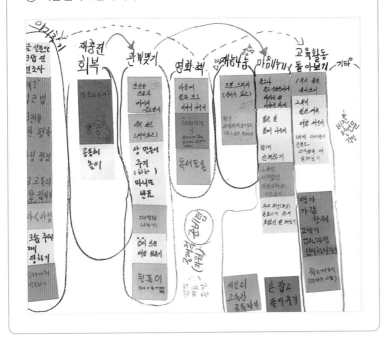

'마음 나누기'를 하기로 했습니다. 그리고 영화와 책을 통해 '교육활동을 돌아보고', '교육의 의미'를 찾아보기로 했습니다. 끝으로 우리 연구년의 비전이 무엇인지 찾아보기로 했지요.

이렇게 관계를 파악하면 전체적인 흐름을 구성원 모두 공유하게 됩니다. 우리가 하는 워크숍의 흐름을 파악하게 되고, 최종적으로 도달해야 할 지점이 무엇인지 알게 됩니다. 또 관계를 파악하면 우리가 세운 활동들의 부족한 점이 무엇인지 알 수 있습니다. 예컨대, 연구년 선생님들과 함께 세운 상반기 계획을 화살표로 연결하다 보니 생각보다 준비할 것이 많았습니다. 간식과 자료 준비, 장소 등을 마련해야 했죠. 한두 사람으로 될 일이 아니었습니다. 그래서 이 일을 함께 할 준비팀을 만들었습니다.

이렇게 관계 파악하기는 문제 해결의 과정을 공유하기 쉽고, 부족한 부분을 파악하여 대비책을 마련할 수 있다는 장점이 있습니다.

 미술관 걷기

미술관걷기(갤러리워크)는 미술관을 관람하듯이 다른 모둠의 활동을 공유하는 방법입니다. 다른 모둠의 활동 내용을 공유하기에 적합한 방법입니다.

 미술관 걷기(갤러리워크)

협동학습의 '하나 남고, 모두 가기' 구조와 비슷한 활동입니다.

 진행방법

① 모둠 활동을 설명할 1명을 선정합니다.

② 나머지 사람들은 다른 모둠으로 이동합니다. (한 모둠에 몰리지 않도록 안 내합니다)

③ 다른 모둠 활동내용을 공유합니다.

미술관걷기는 대규모에 적합한 방법입니다. 하지만 설명을 하는 선생님은 다른 모둠의 내용을 알 수 없다는 단점도 있습니다. 때문에 미술관걷기 활동을 할 때는 설명을 돌아가면서 하거나 미술관걷기 활동이 끝난 후 다른 모둠의 내용을 우리 모둠에서 공유하는 시간이 필요합니다.

길고 짧은 건 대봐야 아는 법
(평가하기)

평가하기 단계에서는 수렴적 사고를 바탕으로 아이디어를 분석·평가하여 정리합니다. 수렴적 사고란, 문제를 해결하기 위해 사용하는 사고방식의 한 종류로서, 지식과 논리법칙을 동원하여 여러 가지 가능한 해결책이나 답들 가운데서 최종적으로 가장 적합한 해결책이나 답을 모색해 가는 사고방식을 말합니다.[*]

---

[*] 호리 기미토시, 『퍼실리테이션 테크닉 65』, 비지니스 맵(2014), p143

생각을 구조화하는 평가

아이디어를 평가하는 수렴적 사고를 하기 위해서는 지식과 논리 법칙 등을 통해 아이디어를 구조화 할 필요가 있습니다. 구조화는 같은 것 끼리 묶고(분류) 기준에 따라 늘어놓는(체계화) 활동입니다. 평가 단계에서는 구조화된 사고 도구를 통해 아이디어를 분석 평가합니다.

> "천 벌의 옷을 정리해 주십시오"라는 경우 대개 모든 사람들이 같은 방법을 취한다. 속옷과 겉옷으로 나누고, 그것을 다시 계절별 작은 묶음으로 나누는 것이다. 결국 '같은 것을 묶는다'와 '순서대로 늘어놓는다'의 두 가지를 조합하여 정리하는 것이다 이것을 '구조화'라고 한다.
>
> – 호리 기미토시, 『퍼실리테이션 테크닉 65』, 비지니스맵(2014)

대표적인 것인 성과노력대비표 (Payoff Effort Matrix)입니다. 성과노력대비표는 성과와 노력이라는 기준으로, 2×2바둑판에 아이디어를 정리하여 평가하는 방법입니다. 예컨대, 성과노력대비표 4사분면의 아이디어는 '이것은 노력이 많이

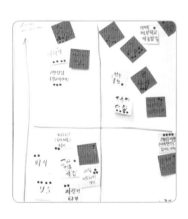

들지만 성과는 없는 일이야.'라고 한눈에 구조적으로 평가할 수 있습

니다.

평가하기 단계에서는 이렇게 의견을 구조화함으로써 전체적인 모습을 파악하고 동시에 어떤 것이 중요한 논점인지를 발견합니다.

평가 도구

1. 다중투표로 논점 명확히 하기

만약 선생님들에게 1년의 연구년이 주어진다면 어떨까요? 정말 신나고 달콤한 일이 될 것입니다. 누구나 교사로서 성장과 휴식이 있는 조화로운 연구년을 꿈꿉니다. 어떻게 이 두 마리 토끼를 잡을 수 있을까요?

우리가 무엇을 중요하게 생각하는지 명확히 하는 도구가 투표입니다. 투표는 참여자들이 중요하게 생각하는 안건이 무엇인지 파악함으로써 논점을 명확히 하는 것이 목적입니다. 주의할 부분도 있습니다. 평가하기 단계에서 투표는 최종 의사결정이 아닙니다. 우리가 무엇을 중요하게 생각하는지 논점을 명확히 하는 것입니다. 투표 전에 최종 의사결정이 아님을 명확히 할 필요가 있습니다.

우리는 득표수가 많은 안건에 따라가려는 경향이 있습니다. 그래서 투표를 하기 전, 안건들을 훑어 본 후 투표할 안건을 미리 선정한 후에 투표를 할 수 있도록 합니다. 퍼실리테이터는 다중 투표 전에 우리

다중투표

다중투표는 1인 1투표가 아니라 복수의 안건에 여러 번 투표를 할 수 있는 방법입니다.

 준비물

스티커

 평가 단계에서 다중 투표 진행방법

① 최종 의사결정이 아님을 밝힙니다.

② 참여자들은 같은 수의 스티커를 받습니다.

③ 논의 주제와 평가 기준을 확인합니다.

④ 마음에 드는 아이디어에 복수 투표를 합니다. 하나의 안건에 한 번만 투표할 수 있습니다.

* 투표를 하기 전 미리 투표할 안건을 선정합니다. 득표수가 많은 안건에 따라서 투표하려는 경향이 있기 때문입니다.

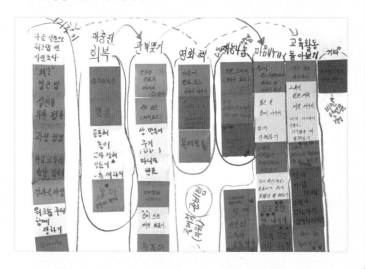

는 득표수가 많은 안건에 따라가려는 경향이 있음을 알려줄 필요가 있습니다.

또 우리는 리더들의 의견을 따라가려는 경향이 있습니다. 학교의 리더들이 투표한 안건에 무작정 따르는 집단사고를 하는 것이지요. 어떻게 하면 리더들을 따라서 투표하는 것을 막을 수 있을까요? 먼저 투표 순서를 조정하는 방법이 있습니다. '저경력 교사 먼저 투표를 해주십시오. 부장교사, 교장, 교감 선생님은 나중에 해주세요.'라고 안내 하는 것이지요. 더불어 침묵 속에서 투표할 수 있도록 합니다. '이런 것도 좋지 않겠어?'라는 사소한 말도 투표에 영향을 줄 수 있기 때문입니다.

투표 장소를 달리 하는 방법도 있습니다. 전체 구성원이 모인 자리에서 바로 투표하지 않죠. 투표 장소와 시간을 안내 합니다. 이후 담당자에게 투표스티커를 받아서 개별적으로 투표를 합니다. 누가 어디에 투표를 한 지 모르기에 리더들의 영향을 덜 받는다는 장점이 있습니다.

2. 성과노력대비표(Payoff Effort Matrix)로 구조화하기

졸업여행을 준비할 때 일입니다. 무엇을 타고 갈지 학생들 스스로 정하는 과정에서 다양한 의견이 올라왔습니다. 비행기, KTX, 자동차, 버스, 기차 등이 후보에 올랐으나 학생 대다수가 비행기를 원했습니다. 학교에서 비행기를 타고 어디를 간 적이 없다는 이유였죠. 그래서 비용과 속도라는 기준으로 탈 것을 정리해 보았습니다.

정리된 내용을 보자 학생들의 생각이 달라졌습니다. 처음에는 비행기만 고집했는데 예산과 이동 거리를 따지기 시작합니다. 비용과 속도를 고려해 우리에게 가장 적합한 탈 것이 무엇인지를 판단한 것이죠. 이처럼 4분면의 평가 기준에 따라 정리를 하면 아이디어들의 전체적인 모습을 파악할 수 있습니다.

다중투표로 연구년 프로그램을 함께 평가해 보았습니다. 우리는 꿈에 부풀어 실현가능성 없는 일만 쫓은 것은 아닐까요. 힘만 들고 성과는 없는 일은 아닌지 걱정되기도 합니다. 성과노력대비표는 아이디어를 구조화해서 평가하기 적합한 도구입니다.

성과노력대비표

성과노력 대비표는 성과와 노력이라는 기준에 따라 아이디어를 구조화하여 평가하는 방법입니다.

 준비물

이젤패드, 매직

 진행방법

① 2×2 바둑판 모양을 그립니다.

② 가로축은 노력, 세로축은 성과로 표시합니다.

③ 무엇을 성과와 노력으로 볼 것인지 논의 합니다.

④ 각 아이디어를 기준에 따라 배치합니다.

성과노력대비표에 대해 설명을 하면 다음과 같습니다.

여기서 주목하는 곳이 4사분면입니다. 노력은 많이 들고 성과가 낮은 일들은 굳이 할 필요가 없다고 생각합니다. 하지만 학교는 일반 기업과 다릅니다. 학교는 노력은 많이 들고 성과는 적지만 교육적 목적과 교사와 학생 성장을 위해 꾸준히 해야 할 것들이 있습니다. 기꺼이 손해를 감수해야 하는 것들이 있습니다. 학생상담과 생활지도가 그렇습니다. 성과가 바로 드러나지 않으니 때론 지치고 힘듭니다. 쉽게 포기하고 싶지요. 하지만 4사분면은 학교를 근본적으로 변화시킵니다. 꾸준히 애쓰고 노력해야 할 부분입니다.

3. 가위,바위,보 공유하기

가위바위보 공유는 전체 구성원들이 다른 모둠의 내용을 확인 할 수 있는 방법입니다. 미술관걷기를 할 때 발표하는 사람은 다른 모둠의 내용을 알기 힘들다는 단점을 보완한 공유방법으로 소규모 워크숍에 적합합니다.

가위,바위,보 공유

가위,바위,보 공유는 전체 구성원들이 다른 모둠의 내용을 공유할 수 있는 방법입니다. 소규모 워크숍에 적합합니다.

진행방법

① 가위,바위,보로 순위(1,2,3,4) 정합니다.
② 각 모둠의 번호끼리 모여 새로운 모둠을 만듭니다.
③ 새로운 모둠끼리 이동합니다.
④ 이동하면서 모둠의 내용을 설명합니다.

가위바위보 공유법은 미술관걷기의 설명하는 사람은 다른 모둠의 내용을 알 수 없다는 단점을 해결하는 방법으로 시간이 걸리더라도 다른 모둠의 활동내용을 꼭 공유해야 할 필요가 있을 때 활용하면 좋습니다.
가위바위보 공유를 할 때 '꿀팁 주고 받기'를 하면 더 좋습니다. 이야기를 나눌 때 내가 알고 있는 꿀팁을 주고받는 것이죠. 이렇게 모인 꿀팁은 우리의 의견을 더 풍부하게 만듭니다.

정답보다는 해답을
(의사 결정)

의사결정은 여러 대안 중 가장 적합한 대안을 선택하는 활동입니다. 의사결정 단계는 문제를 해결하고 워크숍의 최종결과물을 만들어냅니다. 의사결정은 실천을 위한 과정입니다. 실천은 구성원들 모두가 동의하고 공감할 때 가능합니다. 이 단계에서 조바심을 내어 일을 망치는 경우가 많습니다. 의사결정 단계에서는 구성원들의 선택을 신뢰해야 합니다. 비록 그것이 부족해 보이더라도, 결국 실천하는 사람은 구성원이기 때문입니다. 의사결정에서 필요한 것은 신뢰입니다.

구성원들이 결정한 내용이 제가 생각하기에는 턱없이 부족했어요. 제가 원하는 결정이 나올 때 까지 말을 돌렸지요. 지쳐버린 선생님들은 '그래 네가 원하는 것으로 해봐.'라고 하셨지요. 결국 제가 원하는 방향으로 의사결정이 되었습니다. 하지만 문제는 실천이었습니다. 아무도 그 결정을 실천하지 않았습니다. 문서로는 모두 다 하고 있는데 실제로는 아무도 하고 있지 않았지요.

- 청○○ 이○○

학교에서 의사결정 전략

학교의 의사결정 전략은 크게 최적화 모델과 만족화 모델로 구분할 수 있습니다. 최적화 모델은 고전적인 모델로 대부분의 학자들은 최적화 모델을 비현실적인 아이디어로 간주합니다.

최적화 모델은 문제에 대해 가능한 모든 대안을 수립하고, 최상의 대안, 정답을 선택하는 과정이라 봅니다. 대표적인 예가 공문이 아닐까요? 안전에 문제가 생기면 안전교육 매뉴얼을 만들고, 학교마다 계획서를 세우고, 학기말에는 실행 및 점검을 하는 공문이 내려옵니다. 현실은 어떤가요? 서류상으로는 완벽하지만 그 매뉴얼 전부를 지키는 학교가 얼마나 있을까요?

학교에 적합한 의사결정 모델은 만족화 모델입니다. 만족화 모델은 한 번에 모든 것을 해결할 수 없다는 것을 전제로 하고 있습니다. 한 번에 모든 것을 해결할 수 있는 의사결정은 없으며, 현재를 기준으로 만족스러운 해결책을 찾는 것을 목표로 하고 있습니다. 한 마디로 만족화모델은 정답이 아니라 실현가능한 해답을 찾는 과정이라 봅니다. 그렇다면 의사결정 단계에서 주의할 점을 알아보겠습니다.

▶ 의사결정의 감춰진 덫* ◀

① 고정의 덫: 처음 정보에 지나치게 가중치를 두는 것
② 신중함의 덫 : 부담이 큰 의사결정을 할 때 지나치게 조심하는 경향
③ 지나친 자신감의 덫: 우리의 능력을 지나치게 자신하는 경향
④ 인지의 덫: 친숙한 것을 더 가치 있게 생각하는 경향
⑤ 함몰비용의 덫: 처음 의사결정이 문제가 있음에도 불구하고 그 의사결정이 맞음을 증명하기 위해 계속 잘못된 결정을 고수하는 경향

학교에서의 의사결정

단독결정

학교에서 의사결정은 크게 단독결정, 만장일치, 다수결, 합의로 구분할 수 있습니다.

단독결정은 책임자가 결정하는 방법입니다. 단독결정은 중요한 안

---

* Wayne K.Hoy, Cecil G. Miskel, 「교육행정 이론, 연구, 실제 9판」, 아카데미프레스(2013), p378

건에 대해 신속하게 대응할 수 있다는 장점이 있지만 학교 구성원들이 책임자의 눈치만 보거나 시키는 것만 하려는 단점이 생깁니다. 사안이 중요하지 않을 때, 혹은 구성원들이 단독결정을 받아들일 준비가 되어 있을 때 효과가 있습니다.

만장일치

만장일치는 모든 사람이 한 마음, 한 뜻이 되어 결정하는 방법으로 누구나 원하는 의사 결정 방법입니다. 모든 사람이 함께 실천할 때 학교는 가장 크게 변화되기 때문입니다. 만장일치라는 과정을 통해 우리는 하나라는 동료애를 가지기도 합니다. 하지만 만장일치에도 함정이 있습니다.

어느 한 가족이 있습니다. 선풍기 앞에서 도미노 게임을 하고 있었지요. 갑자기 장인이 53km떨어진 애빌린에 가서 식사를 하고 오자고 제안합니다. 남편은 이렇게 더운 날씨에 먼 애빌린에 가는 것이 걱정이 되었지만, 자기 혼자 처가의 의견에 반대를 하는 것이라 생각해 이렇게 이야기합니다. '좋습니다. 저도 가보고 싶었거든요.' 오랜 시간이 걸려 애빌린에 도착한 가족들은 식사를 마치고 돌아왔습니다.

돌아오는 길에 남편은 본심을 감추고 이야기를 합니다. '아주 즐거운 여행이었습니다.' 그러자 장모님이 이렇게 이야기 합니다. '사실 나는 가고 싶지 않았다네. 다른 사람들이 난리치는 바람에 어쩔 수 없이 따라 나섰지.' 그러자 아내가 말합니다. '저도 가고 싶지 않았어요. 이렇게 더운 날

에는' 그 말을 들은 장인이 입을 엽니다. '나는 그냥 다른 사람들이 지루

해하는 것 같아서 그냥 제안해본 것뿐이야.'

정작 가족 중 누구 하나도 원치 않았는데 모두들 애빌린에 가는데 동의

했다는 사실에 모두 황당해 합니다.

– 애빌린 패러독스

이처럼 소속된 집단에 반대 목소리를 낼 수 없어 그냥 따라가는 상
황을 애빌린 패러독스라고 합니다. 왜 이런 일이 일어났을까요? 만약
한 사람이라도 솔직하게 이야기를 했다면 어떻게 되었을까요? 미국
의 심리학자 어빙 제니스는 '응집력이 높은 집단의 사람들은 만장일
치를 추진하기 위해 노력하며, 다른 사람들이 내놓은 생각들을 뒤엎
지 않으려하는 상태'를 집단사고라 규정합니다.* 애빌린 패러독스는
만장일치가 만든 집단사고의 전형적인 사례입니다.

역설적이게도 집단사고는 구성원들이 협력하여 성공을 거둔 조직
에서 자주 발생합니다.

집단적 문제해결이 성공할 경우 집단, 특히 집단 내의 소규모 구성원들

간에 강인한 응집력을 가져올 수 있습니다. 지나치게 강한 응집력은 갈

---

* 위키백과 '집단사고' 검색

등만큼이나 위험할 수도 있습니다. 갈등은 행동을 방해하고, 강한 응집력은 집단 내의 획일성을 강화합니다.*

성공의 경험은 강한 유대감을 만들며, 강한 유대감은 집단의 의견을 하나로 일치하려는 집단사고의 경향을 강하게 합니다. 지나친 유대감이 만든 집단사고의 대표적인 예로 피그스만 침공이 있습니다. 피그스만 침공은 쿠바인 망명자들을 쿠바로 보내 피델 카스트로를 없애려는 결정이었습니다. 사실 많은 보좌관들이 반대하는 입장이었으나 침묵을 지켰습니다. 케네디 대통령의 연락 담당관이었던 빌 모이어스는 다음과 같이 회상합니다.

> 국가 안보 문제 담당자들은 서로 지나칠 정도로 가까워졌고, 사적으로도 너무 친해졌다. 그들은 국가의 대사를 다룰 때 마치 **남성친목회에서 일처리 하듯** 했다.
>
> …… 〈중략〉 ……
>
> 서로 너무 가까워지면 토론에 비유하자면 자신의 의견에 반대되는 의견을 가진 사람을 끝까지 몰아붙이기를 꺼리고, **누가 의견을 표명해도 이견을 제시하지 않으며, 이의를 제기한다고 해도 핵심은 문제 삼지 않고 적당히 넘어가는 경우가 많았다.**

---

* wayne K·Hoy, cecil G. miskel, 교육행정 이론·연구. 실제, 아카데이프레스(2013)

집단사고 해결방법

◤ 동조실험 ◢

7명의 피 실험자가 있습니다. 사실 6명은 사전에 실험자와 입을 맞췄습니다. 실험자는 6명에게는 특별한 임무가 줍니다. 진짜 피실험자의 판단을 혼란하게 하는 것입니다. 다음은 실험 결과입니다.

선분 길이가 같은 것은?			
	실험1	실험2	실험3
6명의 답	6명 모두 A라고 함	5명이 A라 하고, 1명이 C(정답) 라고 함	5명이 A라 하고, 1명이 B(오답)를 말 함
피실험자의 답	A	C	C

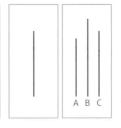

동조실험은 우리가 얼마나 집단사고에 약한지를 보여주는 실험입니다. 그렇다면 집단 사고를 막을 수 있는 방법은 없을까요? 동조실험의 2,3번에서 그 답을 찾을 수 있습니다. 실험 2, 3번에는 5명과 다른 목소리를 내는 1명이 있었습니다. 그 한 명 덕분에 피실험자는 정답을 찾을 수 있었습니다. 이처럼 집단사고를 막을 수 있는 방법은 다른 말(의견)을 하는 단 한 사람입니다.

집단 의사결정에 관한 세계적인 전문가이자 버클리대학교의 심리학자 찰런 네메스는 "소수의 의견이 중요하다. 그들의 의견이 결국 옳다고 판

명되는 경향이 있기 때문이 아니라 다양한 측면에 관심을 갖게 하고, 사고를 촉진시키기 때문이다"라고 말하면서 이렇게 덧붙였다. "그 결과 소수 의견이 틀리다고 해도, 의견이 다른 소수는 기발한 해결 방법을 찾아내고 질적으로 더 나은 결정을 내리는데 기여하게 된다." 소수의견은 심지어 그 의견이 '틀릴 때조차' 쓸모가 있다는 말이다.

– 애덤그랜트, 『오리지널스』, 한국경제신문사(2016)

어빙 재니어스는 집단사고를 질병으로 보고, 이를 치료하기 위해서 악마의 대변인이라는 방법을 제안하고 있습니다. 악마의 대변인은 의사결정 과정에서 의도적으로 다른 의견을 내는 사람을 뜻합니다. 악마의 대변인의 대표적인 사례가 '마더테레사 수녀'입니다.

악마의 대변인(Devil's Advocate)은 천주교 성인 추대 과정에서 해당 인물을 비판하는 역할을 한다. 테레사 수녀 악마의 대변인은 크리스토퍼 히친스라는 학자였다. 무신론자인 히친스는 테레사 수녀를 비롯해 천주교 자체를 신랄하게 공격했다. 교황청이 비용을 댄 이 연구 결과물은 '자비를 팔다'라는 제목으로 한국에서도 출판됐다.

– 경남도민일보. '김 지사에게 '악마의 대변인'이 있나' 기사 中에서

마더테레사 수녀는 평생 인도의 가난한 사람들과 함께한 분입니다. 그 공로로 노벨평화상을 받고 교황청에서 성인으로 추대 받습니다.

교황청에서 마더 테레사를 성인으로 추대할 때 도움을 받은 사람이 있습니다. 바로 히친스입니다.

히친스는 무신론자로 마더 테레사를 비판한 [자비를 팔다]를 쓴 언론인입니다. 이 책에서 히친스는 마더 테레사가 성자가 될 인물이 아니라 주장합니다. 이상하지 않나요? 마더 테레사를 성인으로 추대하는데, 무신론자인 히친스의 도움을 받는다니! 교황청은 히친스를 통해 마더 테레사의 잘못과 오류를 찾아내려 애쓴 것입니다. 결정을 내리기 전, 다른 목소리에 귀를 기울인 것입니다.

이와 비슷하게 학교에도 악마의 대변인 역할을 충실히 하는 사람들이 있습니다. 올바른 결정을 할 수 있도록 불평불만을 드러내는 고마운 악마의 대변인이지만, 많은 사람들이 불편하게 바라보는 것도 사실입니다. 원래 불평불만 많은 사람, 캐릭터로 그 사람을 치부하는 경우가 많습니다. 학교 회의에서 시스템으로 악마의 대변인을 할 수 있는 방법은 없을까요? 악마의 대변인을 시스템으로 할 수 있는 방법이 있습니다. 바로 6색 생각모자입니다.

시간이 부족할 때는 PMI 기법으로 정리해도 좋습니다. PMI는 Plus, Minus, Interesting에 줄임말로 장점, 단점, 제안할 점을 뜻합니다. 아이디어에 장점과 단점을 알아보고 제안할 점을 찾는 방법이지요.

6색 생각모자와 PMI는 최종 의사결정 전 평가하기 단계에서 사용하면 좋습니다. 아이디어의 장단점과 대안을 찾는 과정을 통해 집단사고의 위험성은 떨어집니다. 더 좋은 의사결정을 할 수 있게 됩니다.

6색 생각모자

6색의 모자는 각 색깔별로 역할이 정해져 있으며, 참여자들은 이 모자에 따라 생각을 하는 방법입니다.

 준비물

6색 색종이, 또는 PPT자료

 진행방법

① 파란 모자를 쓸 사람을 정합니다. 파란 모자는 모둠에서 진행자 역할을 합니다.

② 파란 모자의 진행에 따라 '하얀 모자, 빨간 모자, 노란 모자, 까만 모자, 녹색 모자'를 돌아가면서 씁니다. 참여자들은 모자의 역할에 맞는 생각(사고)을 합니다.

③ 색깔에 따른 생각을 돌아가면서 발표합니다.

❶ 먼저 하얀 모자를(객관적 정보, 사실) 씁니다. 아이디어의 객관적인 사실과 정보를 말합니다.

❷ 빨간 모자를(감정) 씁니다. 아이디어를 보고 떠오른 개인의 감정과 느낌을 말합니다.

❸ 노란 모자를(긍정) 씁니다. 아이디어의 장점, 강점, 좋은 점만을 말합니다.

❹ 까만 모자를(부정) 씁니다. 아이디어의 단점, 약점, 나쁜 점만을 말합니다.

❺ 녹색 모자를(새로운 대안)씁니다. 새롭고, 흥미로운 대안을 말합니다.

다수결

다수결은 최대 다수의 최대 행복이란 공리주의에 따른 방법입니다. 현대 민주주의 사회가 운영되는 가장 핵심적인 원리로 선거에서 사용됩니다. 앞에서 실습한 다중투표가 다수결의 대표적인 방법입니다. 의사결정 단계에서 다중투표는 다음과 같이 진행됩니다.

의사결정 단계에서 다중투표

준비물

스티커

진행방법

① 최종 의사결정 단계임을 분명히 합니다.
② 참여자들은 같은 수의 스티커를 받습니다.
③ 논의 주제와 평가 기준을 확인합니다.
④ 마음에 드는 아이디어에 복수 투표를 합니다. 하나의 안건에 한 번만 투표할 수 있습니다.
⑤ 최종 선택된 아이디어를 발표합니다.

　　다수결은 빠른 결정을 할 수 있다는 장점이 있습니다. 다수결의 방법에는 가중투표도 있습니다.

가중투표

가중투표는 중요하다고 생각하는 의견에 스티커를 더 붙임으로써 의미를 부여하는 투표 방법입니다.

준비물

스티커

진행방법

① 참여자에게 같은 수의 스티커를 줍니다.

② 가중투표 설명합니다.

　－ 중요한 의견에 3개, 2개, 1개 이렇게 의미를 부여하여 투표합니다.

　－ 이 때 한 의견에 전체 스티커의 절반이상을 투표할 수 없음 (예: 3개를 넘을 수 없음)

③ 가중투표를 실시합니다.

합의

그러나 다수결에 의한 의견 결정은 많은 사람들이 동의하는 것은 아닙니다. 다수결은 빠른 의사결정 방법이지만, 51%가 동의한 의견이지만, 49%도 동의한다고 할 수 없습니다. 이런 결과 또한 다른 갈등을 야기하기도 합니다. 다수결을 극복할 방법으로 합의가 있습니다.

　그렇다면 합의를 잘할 수 있는 방법은 무엇일까요? 합의의 기본은 서로를 승리자로 만드는 것입니다. 어느 한 쪽이 모두 잃거나 얻을 때 갈등이 생기기 마련입니다. 두 번째는 '합의' 자체에 초점을 맞추어 논의를 한정하는 것입니다. 서로 합의 가능한 것이 무엇인지 가능성에 초점을 두는 것입니다.

합의를 찾아가는 주먹오(fist to five)

주먹오는 다섯 손가락으로 얼마나 동의하고 공감하는 정도를 확인하는 방법입니다.

 0 절대 반대입니다.

 1 큰 우려가 있습니다.
논의하고 싶습니다.

 2 사소한 문제가
있습니다. 논의하고
싶습니다.

 3 받아들이겠습니다.

 4 괜찮습니다.
좋습니다.

 5 나는 아주 좋습니다.
최선의 결정입니다.

진행방법1 – 주먹오 투표

① 주먹오를 설명합니다.
② 모둠에서 한 명의 진행자를 지원 받습니다.
③ 안건에 대해 주먹오를 진행합니다.
④ 0,1,2,의 점수를 받은 안건은 따로 모아둡니다.
⑤ 주먹오를 마무리 합니다.

0으로 표시된 안건에 대해 폐기하면 여기까지 온 과정이 아쉬워 그냥 폐기하기에는 너무 아깝다는 의견이 많습니다. 그럼에도 불구하고, 이렇게 과감히 폐기할 용기가 필요합니다. 아무리 좋은 아이디어라도 한 사람이 절대 반대하면 우리는 그것을 선택하지 않는다는 '신뢰'를 보여줄 필요가 있습니다. 이런 신뢰를 보여줄 때 구성원들의 책무성은 깊어집니다. 더 신중하게 참여하게 되는 것이지요.

 진행방법2 – 합의

① 0의 안건은 폐기합니다.
② 1, 2점을 준 이유를 듣습니다.
③ 어떻게 하면 4, 5로 갈 수 있을지 묻습니다.
④ (1, 2 점을 준 참여자가) 새로운 대안을 제안합니다.
⑤ (새로운 제안에 대해) 다른 참여자들과 합의합니다.
⑥ 합의된 내용으로 다시 정리합니다.

주먹오의 핵심은 1, 2의 안건을 어떻게 하면 4, 5로 갈 수 있을지 묻는 것입니다. 반대하는 사람 모두 그만한 이유가 있습니다. 어쩌면 다른 사람들이 보지 못하는 것을 발견한 것일지도 모릅니다. 안건에 반대하는 사람에게 새로운 방법을 모색할 기회를 줌으로써 '반대만을 위한 반대가 아닌, 새로운 대안을 제시'하는 학교 회의 문화를 이끌 수 있습니다.

가끔 단독결정, 만장일치, 다수결, 합의 중 어느 것이 가장 좋은 의사결정 방법인지 물어볼 때가 있습니다. 선생님들의 생각은 어떠신가요? 저는 의사결정 방법에 대해 구성원 모두가 공감만 한다면 모두 좋은 의사결정 방법이라 생각합니다.

단독결정은 독단이 아닙니다. 학생 안전과 관련된 일에 학교장의 빠른 단독결정은 필요한 일입니다. 다수결은 그저 숫자 싸움이 아닙니다. 학교에서 해결해야 할 일은 한 두 가지가 아닙니다. 하나의 안건에 너무 많은 노력과 시간을 쏟을 수 없을 때 다수결은 하나의 방법이 됩니다.

만장일치는 학교 구성원 모두가 바라는 일입니다. 시간과 노력이 많이 필요한 일입니다. 하지만 만장일치라고 해서 좋은 해결방법을 보장하진 않습니다. 보통 학교에서 만장일치로 처리되는 일을 보면 누구에게나 피해가 가지 않도록 적절한 수준에서 정리되는 경우가 많습니다.

혁신 학교에 있을 때 전체 운동회를 없애고 학년군 체육행사로 바꾸려고 한 적이 있습니다. 부모님들의 반발이 심했지요. 교사들은 업무로 생각하는데, 부모님들은 추억이 깃든 교육활동으로 본 것입니다. 여러차례 이야기 끝에 만장일치로 결정한 것은 '업체를 이용한 운동회'입니다. 교사들의 업무 경감과 학부모들의 의견을 모두 살린 셈이지요. 하지만 찜찜합니다. 운동회 하루를 위해 사설업체에 수백만 원의 학교 예산을 쓰는 것이 옳은지 고민이 듭니다. 업무는 줄었지만 그렇다고 해서 만족스러운 결정은 아니었습니다. 모두가 원하는 만장일치는 이런 단점도 있습니다.

합의는 퍼실리테이션이 추구하는 의사결정방법입니다. 서로를 승자로 만드는 해결방법이지요. 하지만 합의로 가는 길은 쉽지 않습니다. 학교에서 해결해야 할 문제는 계속 생기기에 한 가지 안건에만 집중하기엔 시간적 여유가 부족합니다. 다음은 부천 부명초의 합의 방법입니다.

▶ 부명초의 합의 도출 방법 ◀

합의도출 노력 후 합의가 안 될 때는 다음날 임시회의를 열어 1시간 동안 의논하고 최종 결정한다. 교원 3/4이상의 참석으로 합의가 안 될 경우, 3/4이상 다수결로 결정한다.
단, 소수 의견을 배려하고 존중한다. 소수 의견 제시자는 책임감을 갖고 운영하며, 평가 시간에 활동 내용을 공유한다.

부명초등학교에서는 구성원들의 합의도출을 추구를 위한 지침이 있습니다. 바로 임시회의 1시간과 3/4 참석, 3/4이상 동의 시 다수결로 결정한다는 것입니다. 이때 소수 의견을 배려하고 존중 합니다. 반대로 소수 의견 제시자 역시 책임감을 갖고 운영하며, 활동 내용을 공유하도록 하고 있습니다. 이는 미국 녹색당의 만장일치 다수결로 바꾸는 방법과 비슷합니다.

'그룹 구성원 중의 누구라도 논의의 종결을 위해, 만장일치에서 다수결로의 전환에 관한 투표를 요청할 수 있다. 만약 80%의 투표자가 전환을 찬성하면, 논의를 멈추고 논의 중이던 제안에 대하여 다수결로 옮겨간다. 그러나 전환에 찬성하는 사람이 80%보다 적으면, 만장일치 규격은 유지되고 논의는 지속된다.'

-샘케이너외(2017).민주적 결정방법론. KOOPA BOOKs. P373

　학교에 구성원 모두가 공감하는 합의 방법이 있다는 것은 매우 중요합니다. 특히 부명초의 '소수 의견 제시자는 책임감을 갖고 운영하며, 평가 시간에 활동 내용을 공유한다'는 부분이 인상 깊습니다. 비록 내가 그 의견에 동의하는 것은 아니지만, 우리 공동체가 결정한 내용을 존중하고, 함께 책임지겠다는 뜻이기 때문입니다. 앞에서 제가 말씀드린 학교 자치의 키워드 '책임'과 연결됩니다.

열 사람의 한 걸음으로
(마무리)

최종 의사결정이 마무리 되면, 바로 실행이 될 것이라 기대합니다. 하지만 현실은 어떤가요? 회의 결과가 책상 서랍 안에 머무를 때가 많습니다. 막상 뭔가를 해보려 하면 협조가 되지 않아 일이 진행되지 않습니다. 게다가 결정 내용이 기억이 나지 않는다고 할 때는 난감합니다. 이렇게 회의 결과가 실행으로 연결되지 않는 이유는 무엇일까요?

실행의 핵심, 공유와 기록

학교 회의는 구성원 모두가 참석하는 전체 회의와 학년, 교과, 부서 대표들이 참석하는 회의로 구분합니다. 전체 회의는 회의 결과를 공유하기가 쉽습니다. 이에 비해 대표 회의의 경우 소수만 회의결과를 알고 있는 경우가 종종 있습니다. 그 소수가 참여하는 회의마저도 시간이 지나면 회의결과를 서로 다르게 판단하고 해석하기도 합니다. 내가 기억하는 내용과 다른 사람이 기억하는 내용이 달라 애를 먹고, 갈등의 요인이 됩니다.

회의를 실행으로 이끄는 첫 번째 핵심은 '공유'입니다. 학교에서 발생하는 문제들은 짧은 시간에 해결되는 것들도 있지만, 대부분 오랜 시간 노력해야 할 일들이 많습니다. 적지 않은 시간이 필요합니다. 게다가 학교는 매년 구성원들이 바뀝니다.

새로 전입 한 선생님들이 자주 하는 말이 있습니다. '선생님 이 일은 왜 하나요? 어떻게 진행하나요? 이렇게 진행하는 이유는 뭔가요?' 선생님들은 어떻게 대답을 하시나요? 제가 가장 많이 썼던 방법은 '1년만 참고 기다려보세요'이었습니다. 지금 돌이켜보면 누군가에게 상처가 되었을 것 같습니다.

변명을 하자면 사실은 어떻게 실행방안을 설명해야 할지 잘 몰랐습니다. 그것이 장기적인 프로젝트인 경우는 더 힘들었지요. 저와 같은 분들에게 도움 되는 방법이 '시나리오 기법'입니다. 시나리오 기법은 전체 실행방안을 공유하기 좋은 방법입니다.

저는 시나리오 기법을 통해 학교 친목 여행을 계획해 본 적이 있습니다. 최종적으로 도착할 지점과 시작할 지점을 정한 후 선생님들과 함께 어디로 갈지, 무엇을 먹을지 시나리오 기법으로 정리했지요. 이

처럼 시나리오 기법은 전체 구성원들이 실행과정을 공유하기에 좋은
방법입니다.

시나리오 기법

시나리오 기법은 실행방안을 한 편의 드라마처럼 생각해보는 활동입니다. 시
작부터 마무리활동까지 전체 과정을 함께 계획하고 공유하기에 좋은 방법입
니다.

준비물

이젤패드, 포스트잇, 매직

진행방법

① 의사결정 단계에서 최종 선택 된 아이디어를 확인합니다.

② 아이디어를 나열하여 시나리오를 만듭니다.

❶ 시나리오의 끝을 정합니다.

❷ 첫 시작을 정합니다.

❸ 시나리오를 연결합니다.

③ 시나리오 점검 질문을 통해 부족한 부분을 채웁니다.

- 이 시나리오가 목적에 부합하는가?
- 소외 되는 사람은 없는가?
- 이 활동으로 다른 (교육)활동이 방해받지는 않는가?
  부작용은 없는가?
- 지원이 필요한가? 누구에게 지원을 요청해야 하나?
- 예산은 충분한가?

④ 최종 시나리오를 완성합니다.

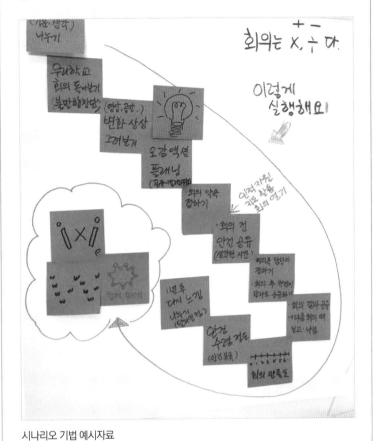

시나리오 기법 예시자료

다음으로 회의를 실행으로 이끄는 두 번째 핵심은 '기록'입니다. '적는 자가 살아남는다.' 라는 적자생존이라는 말이 있습니다. 회의도 같습니다. 회의를 잘 해놓고 기록하지 않으면 실천으로까지 연결되지 않습니다. 말잔치로 끝나는 회의가 되지 않기 위해 필요한 것은 회의 결과를 공유하고 기록하는 것입니다. 회의록은 결정 된 일과 어떻게 추진할 것인지를 파악할 수 있습니다.

> 회의는 결과가 있어야 한다고 이야기하는데, 결과가 있는 회의란, 참석자들이 각자 어떤 일을 할지 명확히 알고 회의실 밖으로 나가, 실행까지 하는 회의다. 회의록은 회의에서 결정된 할 일을 정확하게 명시하는 곳임과 동시에, 그 일이 진행되는 경과를 추적 관리하는 도구이다.
>
> — 정찬우, 30분 회의(2015) 中에서

회의록은 민주적인 학교 문화를 이끕니다. 학교의 행사를 참고할 때 교사들이 주로 참고하는 것은 지난 해 '계획 공문'입니다. 빠르게 업무를 파악할 수 있다는 장점이 있지만, 어떤 이야기가 오고 갔는지 확인하기 힘듭니다. 만약 회의록이 잣대가 되면 어떨까요? '아 작년 운동회에서 우리 학교는 이런 점을 고민했구나, 이 문제는 반복될 위험이 있구나' 이렇게 교사들의 고민과 삶이 연결될 수 있습니다.

또 회의 마무리 단계가 되면 교사들은 두려워집니다. 특히 담당자들의 불안감은 큽니다. 저 역시 그랬습니다. 회의에서 결정된 많은 일들이 온전히 담당자의 업무가 될까 걱정이 컸습니다. 우리 모두는 회의를 마무리 단계에 '혼자 일을 떠맡게 될까봐' 두렵고 불안합니다. 심지어 이 두려움 때문에 회의에서 아무 말도 하지 않기도 합니다.

▶ 스쿨퍼실리테이션 연구회 회의록 ◀

School Facilitation 연구회 #3 <민주시민교육> Kick Off Meeting

참여 : 권00, 신00, 박00, 신00, 이00, 이00

순	관련 사진	제목	내용	비고
1		근황 토크	- 낱말 프리즘에서 두 개씩 뽑아 그 낱말이 들어가게 이야기하기	
2			- 기록자 선정 : 박00	
3		소셜 네트워크	- 전지에 자신의 자화상 그리고 그림 옆에 1. 사는 곳, 2. 관심사, 3. 취미, 4. 내가 잘하는 것, 5. 걱정거리 적기 - 한 사람씩 돌아가면서 다른 사람과 관련이 있는 것 선으로 잇기, 듣는 사람도 비슷한 점이 있으면 말하면서 선으로 잇기 - 세 번 정도 돌아가기	
4		기대 사항 공유	- 포스트잇에 기대되는 점 적어 붙이면서 말하기	
5		아젠다 확인	- Season 3의 목적 공유	

흔히 우리는 열 사람의 한 걸음이라는 말을 합니다. 옆 동료의 힘듦을 함께 나눌 때 학교가 더 크게 성장한다는 말입니다. 3W회의록은 우리에게 주어진 일이 무엇이며, 무엇을 함께 해야 하고 나눌 것은 무엇인지 확인하고 공감하기 위한 도구입니다.

3W 회의록을 A4 종이가 아닌 이젤패드에 정리하는 방법도 있습니다. 이젤패드에 기록된 회의록을 교사들이 자주 모이는 공간에 전시한다면 더욱 좋습니다. 일의 과정을 추적할 수 있으며, 오고가며 자연

스레 피드백을 얻을 수 있기 때문입니다. 회의록을 전시하는 것만으로도 실행을 높일 수 있습니다.

3W 회의록

'3W' 회의록은 무엇을(What), 누가(Who), 언제(When)의 줄임말입니다. 회의록은 업무를 1/n로 나누는 것이 목적이 아닙니다. 우리에게 주어진 일이 무엇이며, 무엇을 함께 해야 하고 나눌 것은 무엇인지 확인하고 공감하기 위한 도구입니다.

 준비물

이젤패드, A4 종이

 진행방법

① 최종 시나리오를 확인합니다.
② 함께 해야 할 내용을 정합니다.
③ 개인(팀)이 할 것 정합니다. 가능하면 지원을 받습니다.
④ 마감기한을 확인합니다.

무엇을 (What)	누가 (Who)	언제 (When)	비고

워크숍 마무리하기

워크숍을 환영인사로 열었듯이, 마무리하는 닫는 활동도 필요합니다.
워크숍 마무리 단계에서는 지금까지 진행한 워크숍의 과정을 돌아보는
과정이 중요합니다. 그럼 아래와 같이 워크숍을 성찰하는 ORID* 질문

ORID 질문

ORID 질문법은 4단계 질문을 통해 집중적으로 생각을 이끄는 **집중대화기법**
(Focused Conversation Method)입니다. ORID 질문은 참석자들이 각자의
경험을 공유하고 보람 있었던 것이나 힘들었던 순간을 나눈 뒤, 객관적인 정보
와 감정 아래 어떤 근본적인 의미가 있는지를 탐색할 수 있도록 묻는 4단계 질
문방법입니다.**

이젤패드(전지),포스트잇, 매직

① ORID 질문에 답을 적습니다.

	내용	질문
Objective	사실	이번 연수에서 가장 기억에 남는 장면은 무엇인가요?
Reflective	느낌	그때 느낌이 어떠셨나요?
Interpretive	의미	이번 연수에서 좋았던 점과 아쉬웠던 점은 무엇인가요?
Decisional	결정	이번 연수 이후에 하고 싶은 것이 있다면 무엇인가요?

② 구성원들과 공유합니다.

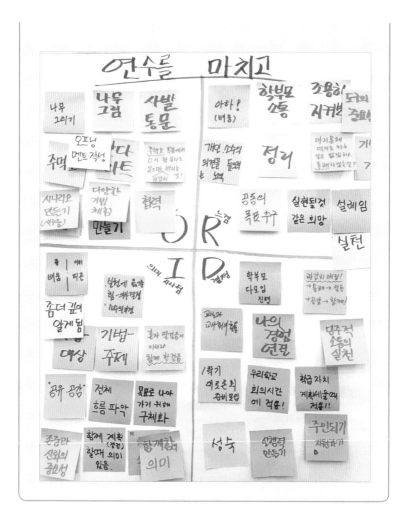

을 통해 워크숍이 어떤 경험과 보람을 주었는지 이야기를 나눠봅니다.

ORID 질문법은 학생상담에도 효율적입니다. 저는 학급에서 다툼이 발생했을 때 이렇게 질문을 합니다.

❶ 사실:어떤 일이 있었니? ❷ 느낌: 그때 너의 느낌은 어땠니? 상대방은 어떻게 느꼈을까? ❸ 의미: 이번 일로 무엇을 배웠니? ❹ 결정: 어떻게 했으면 좋겠니? ORID 질문법은 문제 상황을 학생들 스스로가 되돌아보고 해결방법을 찾아보기에 좋은 질문입니다.

ORID질문은 4개의 대화를 통해 대화를 이끌어 갑니다. 힘들어 하는 학생을 진정으로 돕고 싶지만 어떻게 이야기를 해야 할지 막막할 때 큰 도움이 되는 질문법입니다.

학교 회의,
어디까지 해봤니!

흔히 교육의 질은 교사의 질을 넘어 설 수 없다고 말합니다. 교사는 살아있는 교육과정이며 가장 좋은 책(교과서)입니다. 우리 옆에 있는 선생님 모두는 자신만의 이야기가 있습니다. 그 이야기를 만들기 위해 매일 최선을 다해 살아가고 있습니다. 단지 드러나지 않을 뿐이지요. '사람책'은 동료 선생님들의 삶을 나눌 수 있는 좋은 회의방법입니다.

사람책(living Library)으로 교실 넘나들기

사람책은 선생님들께서 잘하고 있는 것들로 하실 필요 없습니다. 고민되거나 좀 같이 나눌 법한 것들, 희로애락이 담긴 내용도 좋습니다. 또 사람책의 서문, 줄거리, 목차를 다 쓰지 않으셔도 됩니다. 간단하게 서문이나 목차만 적고 말로 설명해도 괜찮습니다.

　사람책은 우리 둘레에 선생님의 삶을 엿볼 수 있는 좋은 방법입니다. 동료 선생님의 수업 노하우를 배우고, 교육철학을 배울 수 있는 귀한 경험을 줍니다. 사람책은 서로를 위로하는 매개 역할도 합니다. 동료 선생님들과 실패한 수업 이야기와 교사로서 힘든 일을 사람책으로 나눈 적이 있습니다. 공감이 가는 부분이 많아 눈물을 끊이지 않았지요. 사람책은 지식을 넘어 교사들의 삶을 연결하는 방법입니다. 우리 둘레에 존재하지만 잘 드러나지 않았던 귀중한 이야기를 드러낼 수 있는 좋은 방법입니다.

사람책(Living library)

사람책은 '책'을 빌리는 것이 아니라 '사람'을 빌리는 것입니다. 사람책 목록을 살펴보고 읽고 싶은 책을 선택하여, 자유로운 대화를 통해 그 **사람의 경험**을 읽는 것입니다.*

 준비물

A4 종이, 필기도구

 진행방법1 - 사람책 표지 만들기

① 알려주고 싶은 주제를 정합니다.

② 책의 제목을 정합니다.

③ 책을 홍보하는 서문이나 줄거리를 적습니다.

④ 책의 내용을 3개의 목차로 요약합니다.

착한 교사의 안 착한 학교생활

연OO (서OO 교사)

◆ 서문
착하게만 살아온 교사와 하나도 안 착한 학생들의 교실 이야기

◆ 사람책의 역사/줄거리
선생님 말씀 잘 듣고 항상 착하게만 살아왔던 내가 교사가 되었다. 영화 사운드 오브 뮤직 같은 교실을 상상하며 들어왔지만, 현실은 도레미송이 아닌 헤비메탈이 터져 나오는 교실이었다. 툭하면 빽빽 소리를 지르는 아이, 가만히 앉아있지 못하는 아이, 말보다 주먹이 앞서는 아이, 교실은 안 착한 아이들의 소굴이었다. 내가 이해할 수 있는 아이들은 딱 나같은 아이들이었다. 선생님 말씀 잘 듣고 시키는 거 잘하는 착한 아이들. 2년을 이런 아이들과 부대끼며 살다보니 조금은 이해심이 커졌나보다. 착한 아이들이 많아졌다. 대신에 내가 조금 안 착해졌다. 같이 소리도 빽 질러보고, 화도 내본다. 아이들은 점점 착해지고 나는 점점 안 착해진다. 그래서 서로를 더 많이 이해하게 되었다. 나중엔 사운드 오브 뮤직이 아닌 스쿨 오브 락의 교실을 꿈꾸고 있지 않을까?

◆ 목차
1. 나는 착한 학생이었다.

278

🙂 진행방법2 – 사람책 읽기

① 사람책을 벽에 전시합니다.

② 읽고 싶은 책을 선택합니다.

③ 대출자가 5명이 넘으면 더 이상 붙일 수 없습니다.

④ 사람책과 구독자가 만납니다.

⑤ 사람책을 읽고, 소감을 나눕니다.

소소한 학급이야기

◇ 서문
시골 벽적 교실문을 열고 시작하는
학급 내 소소한 이야기

◇ 줄거리
학년 초 링거주가가 시작되는 3월 첫주.
아이들과 맞춰나가는 '우리 첫 만남' 프로젝트를
통해 서서히 학급 공동체가 만들어져 간다.

◇ 목차
1. 아침 맞이, 하교 배웅은 이렇게.
2. 존중의 약속
3. 갈등해결을 위한 다모임

---

* 노원 휴언라이브러리 '휴먼 *library*란?' 참조

페차쿠차(pecha kucha)와 멘티미터(Mentimeter)

학교의 회의는 왜 엄숙하기만 할까요? 살아온 이야기를 즐겁게 나눌 방법이 없을까요? 축제같이 재미난 회의방법은 없을까요? 페차쿠차 는 이런 고민을 해결해줄 수 있습니다.

페차쿠차(pecha kucha)

페차쿠차 '수다'를 의미하는 일본어를 발음나는 대로 적은 것으로 도쿄에서 처음 시작되었습니다. 페차쿠차 의 목표는 참가자들이 집중력을 발휘하여 짧은 시간 안에 아이디어를 공유하는 것입니다.*

준비물

사전에 준비된 PPT 20장, 발표장비

진행방법

① 페차쿠차의 규칙을 확인합니다.

   ❶ 20장의 슬라이드를 사용합니다.

   ❷ 각 슬라이드는 20초씩 보여줍니다.(총 시간 6분 40초)

② 짧은 시간이기에 핵심적인 발표가 되어야 합니다.

*페차쿠차 규칙을 변형할 수 있습니다. 슬라이드 숫자를 줄이거나, 슬라이드별 시간 을 늘릴 수 있습니다.

---

* 데이브 그레이 외, 『게임스토밍』, 한빛미디어(2016), p165

저는 학급에서 페차쿠차를 활용 할 때 슬라이드의 장수와 시간 제한을 두진 않습니다. 아이들이 조마조마하고 불안해하는 경우를 종종 보기 때문입니다. 처음에는 슬라이드를 5장~10 정도로 하고 한 장당 3분 정도의 시간을 줍니다. 그리고 '시간 안에 다 발표를 하지 못해도 괜찮아, 중요한 건 네가 발표를 했다는 거야.' 이렇게 힘을 낼 수 있도록 격려를 합니다.

체험학습 때도 페차쿠차를 자주 사용합니다. 수학여행이나 마을 나들이를 할 때 학생들이 팀으로 움직이는 경우가 많습니다. 이럴 때 특별 미션을 줍니다. "모둠 친구들이 같이 나오는 사진을 20장 찍으세요. 나중에 찍은 사진들은 발표를 해 볼 거예요."

그리고 학교로 돌아와 모둠별로 발표를 합니다. 아이들의 반응은 폭발적입니다. 수업이라고 생각하기 보다는 재미난 놀이로 생각합니다.

페차쿠차에 대한 반응 Q&A

Q1 페차쿠차를 사용한 발표를 들었는데 어떤 점이 인상 깊었나요?

사진을 보여 주니까 흥미도가 좀 일단 올라갔고요. 그러면서 그 사진 안에서 선생님의 삶. 그리고 선생님이 그때 당시에 느꼈던 점들. 이런 이야기들을 좀 편안하게 들을 수 있었던 거 같아요.

Q2 페차쿠차를 진행하시면서 어렵거나 힘든 점이 있다면 어떤 게 있을까요?

20초 안에 사진 안에 들어 있는 저의 맥락을 모두 이야기하는 게 힘들었습니다.

그렇다면 인터넷을 통해 의견을 나눌 수 있는 방법은 없을까요? 우리의 의견을 표나 그림으로 나타낼 수 있는 방법은 없을까요? 바로 멘티미터(Mentimeter)가 도움을 줄 수 있습니다.

멘티미터(Mentimeter)

멘티미터는 웹사이트에서 서로 상호작용하는 스마트 도구로 별도의 앱을 통하지 않고 인터넷을 통해 접속 가능합니다. 투표, 객관식 설문, 주관식 설문 등을 진행할 수 있습니다.* 멘티미터는 설문 참석자가 만드는 멘티미터라는 사이트와 참여자가 만드는 멘티라는 사이트가 있습니다.

 준비물

설문 작성(PC, 발표장비), 설문 참여자(핸드폰)

 설문 작성방법

① 멘티미터(www.mentimeter.com)에 가입합니다.

② 설문을 작성합니다.

③ 설문 표시 방법을 정합니다.

④ 코드 번호를 설문참석자들에게 공유합니다.

1. 회원가입	2. 설문 만들기

3. 설문 표시 방법 선정	4. 코드 번호 공유

 설문 참여방법

① 핸드폰으로 www.menti.com 이동합니다.

② 코드 번호 입력

③ 설문을 작성합니다.

④ 답변 내용을 공유합니다. (설문 작성자의 mentimeter 발표창에 표시가 됨)

1. www.menti.com 이동	2. 코드 입력
www.menti.com|	**Mentimeter** 코드를 입력하십시오.
3. 설문 작성	**4. 답변공유**
제출	내가 생각하는 퍼실리테이션이란?

* 교실에서 바로 활용 가능한 스마트앱 40선, 부산교육청(2017)

멘티미터는 전체 구성원들의 의견을 시각적으로 한 눈에 파악하기 좋은 방법입니다. 다만 무료버전과 유료버전의 차이가 있습니다. 무료 버전인 경우 설문에 참여할 수 있는 사람의 숫자와 만들 수 있는 설문이 제한되어 있습니다. 전체 참여자들과 멘티미터를 공유할 때도 주의해야 합니다. 설문 작성자의 멘티미터 화면에 참여자들이 작성한 설문 내용이 나오기에, 반드시 멘티미터 화면을 참여자들이 볼 수 있도록 해야 합니다.

저는 수업시간에도 멘티미터를 자주 사용합니다. 시 수업을 할 때 '어머니는 ○○○이다'로 표현하거나, 주말에 있었던 일을 나눌 때 활용하면 시각적 효과로 집중도를 높일 수 있습니다. 학부모와 함께 하는 반 모임에도 활용할 수 있습니다. 기억엔 남는 1학기 교육활동을 나누거나 2학기에 제안하고 싶은 교육활동을 공유할 때 좋습니다.

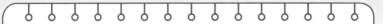

학교 시스템을 바꾸는 일은 쉽지 않습니다.

하지만 두 명의 친구를 만든다고 생각하면 마음이 덜 부담스럽습니다.

'함께 하지 못하지만 마음으로 응원해요, 선생님을 믿어요!'

지치고 포기하고 싶을 때 다시 일어설 수 있는 힘을 준 것은

마음을 열어준 동료 교사들의 따뜻한 응원이었습니다.

이런 연민과 공감이 우리를 친구로, 공동체로 이끌었습니다.

이렇게 만들어진 작은 공동체가 학교를 민주적인 공간으로

의미 있게 변화시키는 모습을 자주 봅니다.

이 모든 것은 혼자가 아닌 우리라서 가능한 일입니다.

이번 시간은 "스쿨퍼실리테이션을 시작하기 전,
우리 학교의 회의 문화와 앞으로 나아갈 방향"이라는
주제로 저자(권재우) 선생님과 다른 선생님
세 분께서 나눈 대화를 재구성한 내용입니다.

스쿨퍼실리테이션,
이럴 땐 이렇게!
Q&A

스쿨퍼실리테이션을 시작하기 전,
궁금한 이야기

권재우 • 세 분 모두 교직 경력이 있는 것으로 알고 있습니다. 선생님들
   께서 평소 교직원 회의에 참여하실 때 보통 분위기가 어떤지
   궁금합니다.

선생님 3 • 음, 학교마다 좀 다른 거 같은데요. 대부분 회의라고 하면은
   모여서 하는 방법을 생각해보면 대부분 전달하는 회의, 거기

---

* 위 이야기는 스쿨퍼실리테이션 연구회 선생님들과의 인터뷰 내용입니다. 평소에 경험했던 학교회의 문
  화와 한 걸음 더 내딛기 위해 애써야 할 부분에 대한 연구회 선생님들의 생각을 정리하였습니다. 편의상
  실명이 아닌 익명으로 처리하였음을 밝힙니다.

다가 여러 가지 안건을 짧게 일방적으로 전달하는 그런 모습이 많이 있는 것 같아요.

선생님 2 • 제일 자주 느끼게 되는 분위기는 회의에 모이는 이유, 목적에 대해서 공유하는 회의는 아니다 보니, 회의 자체에 대한 피로감 그런 것을 좀 말씀하시는 분들이 많습니다. 저 또한 많이 느껴봤고요.

권재우 • 그렇다면 교직원 회의가 잘 안 된다는 걸로 들리는데, 그 이유가 어떤 것이 있을까요?

선생님 1 • 제 생각에는 아직 회의 시스템이 좀 덜 갖춰져 있는 것 같아요. 그러니까 왜 모여 있는지, 언제 모일 것인지, 또 시기별로 어떤 것들이 결정할지, 혹은 논의해서 어떤 부분들을 이야기할 것인지가 정해져 있지 않고, 무조건 모이면 시작하는 그런 분위기가 있습니다.

권재우 • 그럼 선생님들께서 회의에 대한 다양한 경험 있으실 텐데, 혹시 기억에서 지우고 싶은 회의가 있으실까요. 그런 경험을 좀 말씀해 주시겠어요?

선생님 1 • 저 같은 경우, 회의는 열심히 진행했는데 마지막에 최종적으로 다른 부장님께서 "아, 우리가 결정된 내용을 그러면 더 이제 교장 선생님께 보고하고 거기서 이제 결정하도록 하겠다." 이렇게 말씀하신 적이 있었습니다. 그 말을 듣는 순간 우리가 뭘 하려고 했는지 와르르 무너져 버리는 기분이었어요. 저희가 말하고 결정했던 내용이 결국 반영이 되지 않았던 경우죠. '정말 이래서는 안 되지 않나?'하고 생각했던 최악의 회의로 기억하고 있습니다.

선생님 2 • 저의 경우, 새롭게 전입해 갔던 학교에서 혁신학교였는데요. 그래도 나름 혁신학교이고, 교직원들끼리 모여서 얘기를 나눈 경험들이 많을 거라 믿고, 전입 교사로서는 조금 부담이 되지만 회의 진행을 하러 들어갔는데, 제가 한마디 말도 꺼내기 전에 처음 들었던 말이 "부장님도 민주주의 코스프레 하실 거예요?"였습니다. 정말 충격적이었고 그 회의는 제가 어떤 것도 할 수가 없었어요. 어떤 말 한마디 건네기도, 그리고 어떤 얘기를 같이 나누자고 유도하기도, 그냥 그 자체로 얼어버렸던 그래서 '이 학교에서는 앞으로 회의를 어떻게 해 왔을까' 의욕만 생기고 궁금하기만 했던 경험이 저한테는 가장 최악의 경험이 아니었나 생각이 듭니다.

선생님 3 • 저는 딱 한 장면이 떠올라요. 복잡한 거 아니고요. 제가 준비했던 회의의 흐름이 있었고, 교장 선생님께서 준비하셨던 흐름이 있었던 거예요. 그게 회의 전에 충분히 조율되지 않은 상태에서 회의가 시작되었고요. 제가 제 나름대로 설계했던 그 흐름 안에서 교장 선생님께서 이상한 방향으로 회의를 진행하시자, 제가 너무 속상한 마음에 울면서 뛰쳐나갔어요.

선생님 1 • 회의하다가 울면서 뛰쳐나가셨나요?

선생님 2 • 회의하다가 진행자가 울면서 뛰쳐나갔어요.

권재우 • 이런 이야기가 남 일 같지 않습니다. 사실은 학교에서 좀 비일비재하게 일어나는 일이기도 합니다. 이와 반대로 '이런 회의를 했을 때 보람을 느꼈다?', '좀 기분이 좋았다?' 그런 회의가 있다면 이야기를 좀 풀어 주시겠어요?

선생님 1 • 회의 끝나고 선생님들 나가시는 표정들 보면 '우리 이번 회의시간에는 뭔가 결정했어!', '우리 이 안건은 잘해보자', '아 좋다. 해볼 수 있겠네!' 이런 마음이 보이는 회의들. 그럼 너무 보람을 느끼고 회의를 통해서 공동체가 만들어지는 것 같아 기분이 좋습니다.

선생님 3 • 저는 예전에 그 말을 들었던 게 제일 기억에 남아요. 2월의 교육과정 워크숍을 했는데 다 끝나고 한 선생님께서 '이제 우리가 무엇을 해야 되는지 알겠다.' 그 말을 딱 하셨는데, '아, 이번엔 뭔가 제대로 되었구나!'라는 느낌이 들었어요.

선생님 2 • 저는 혁신학교를 처음 신청할 때 진행했었던 회의가 생각이 나는데요. 2013년 말, 공모로 오셨던 교장 선생님이 계셨고 그때만 해도 공모 교장 선생님은 공모 계획서에 나온 온갖 사업들을 진행하셨던 그런 시기였습니다. 그래서 교장 선생님께의 계획과 사업들로는 우리가 바라고 있는 혁신학교 운영계획서를 작성하지 못하겠다고 다들 반발이 심했습니다. 그래서 선생님들과 협의해서 "저걸 다 바꾸지 않으면 운영계획서 작성 자체는 못 하겠습니다."라고 솔직하게 말씀드렸는데, 다음날 직원협의회에서 "다 바꿔도 좋습니다"라고 허락을 해주셨을 때 그때가 가장 좋았던 회의 결과 모습으로 기억에 남습니다.

권재우 • 역시 다양한 경험들이 있으시네요. 선생님들의 귀한 말씀 감사합니다. 아마 이런 경험들이 우리 학교자치, 스쿨퍼실리테이션을 일궈 가는데 씨앗이 되고, 밑거름이 되지 않을까 생각을 해 봅니다.

권재우 • 그렇다면 여기 오신 선생님께서 스쿨퍼실리테이션에 대해서 관심을 갖게 된 계기가 있으신가요?

선생님 1 • 제가 학교생활을 오래 하다 보니, 정말 역량이 뛰어난 선생님들이 많으셨습니다. 근데 그 뛰어난 역량들을 가진 선생님들이 모일 수 있도록 하기 위해서는 뭔가 필요하다는 느낌이 들었습니다. 왜냐면 각자 선생님들이 너무너무 훌륭하시니까요. 그래서 공부를 해봤더니 '퍼실리테이션'이라는 게 있었고, 이걸 학교로 가지고 들어오면 정말 선생님들 각자 가지고 있는 힘들을 모을 수 있겠다 싶어서 관심을 갖게 되었습니다.

선생님 3 • 음, 저도 마찬가지인 거 같아요. 학교에서 혁신부장을 하면서 굉장히 많은 회의를 진행을 하게 되었는데요. 그때마다 소통이라는 것이 참 어렵다는 것을 많이 느꼈습니다. 그럴 때마다 '어떻게 하면 좀 더 효율적인 회의를 할 수 있을까?', '선생님들과 소통이 되는 회의를 어떻게 하면 할 수 있을까?' 그런 고민을 많이 하던 차에 연구년을 하게 되었고, 연구년 1년 동안 퍼실리테이션에 대해서 관심을 가지고 공부를 하게 되었습니다.

선생님 2 • 저 같은 경우, 처음에는 오만한 생각을 갖고 있었습니다. 교사라면 말과 대화로써 모든 게 다 이루어질 수 있지 않을까, 우리는 성숙한 성인이고 대한민국 교사인데. 근데 이게 굉장히 많은 시간이 걸리고 불필요하단 걸 목격하면서 퍼실리테이션이라는 방법에 대해서 매력을 많이 느끼게 된 것 같습니다.

권재우 • 그렇다면 다음으로 선생님이 꿈꾸는 회의에 대해 생각해 보는 시간을 가져보겠습니다. 이런 저런 회의들을 많이 진행하면서 '우리 학교회의 또는 우리 학급회의는 이랬으면 좋겠다' 라는 꿈꾸는 기대치가 있을 것 같습니다. 꿈꾸는 모습에 대해서 조금 우리 학교회의의 기대사항을 이야기해주면 감사하겠습니다.

선생님 3 • 저는 큰 거를 바라지는 않구요. 회의한다고 하면 선생님들께서 좀 기대의 찬 얼굴로, 표정으로, 웃는 표정으로 회의 장소에 오면 좋겠어요.

선생님 2 • 저는 말 그대로 모이는 것이 회의에 시작이라고 생각합니다. 그 순간에는 우선 자율성도 좋고, 존중받아야 하지만 우리를 하나의 공동체로 바라보고 같은 관점에서 참석해주시면 좋겠다는 생각을 합니다.

선생님 1 • 저는 회의에서 모두가 주인이 되는 것. 그러니까 자치회 기본이 각자가 다 주체성을 가지고 주인이 되는 거라고 생각하거든요. 그래서 회의를 통해 '누가 결정해주는 걸 따라 해야지' 이런 게 아니라 정말 우리가 학교의 주인이구나, 우리 학급의 주인이구나 라는 생각을 갖고 회의에 참석해주시는 게 제가 꿈꾸는 회의입니다.

권재우 • 저는 개인적으로 퍼실리테이션을 1도의 미학이라고 나름 정의 내리고 있습니다. 선생님들께서는 퍼실리테이션을 하시면서 내 나름대로 정의 내린 게 있다면 어떤 것이 있을까요?

선생님 1 • 일단, 약방의 감초? 좋은 약재들이잖아요. 각자 가진 게 다 좋은 약재들이잖아요. 근데 써서 못 먹어요. 근데 그걸 가지고 감초가 들어가서 그 약들을 먹을 수 있게 만들어 주는 역할이잖아요. 학교에서 제가 가진 생각들은 선생님들 각자의 역량이 대단하시기 때문에 그런 것들을 모아내는 것, 그게 감초라고 생각을 했는데 더불어서 '이게 생활 속에서 뭐가 있지?'라고 생각을 했더니, 조미료 역할을 하는 게 아닌가 하는 생각들도 덤으로 했어요. MSG 아니고 천연 조미료도 있거든요. 그래서 '재료 본연이 가지고 있는 맛을 살려주고 더 맛있게 먹을 수 있도록 하는 것, 그런 역할이 아닐까' 생각했습니다.

선생님 2 · 저는 늦게 퍼실리테이션이라는 것을 접한 사람이기도 하고, 그럼에도 불구하고 앞에서 진행하는 경우가 많았었기 때문에 제가 정의하고 있는 것은 우선, 나를 돌아보는 시간이라는 생각이 들고요. 그러면서 너를 이해하게 되고, 우리를 좀 더 기대하게 되는 방법이 아닐까 생각 했습니다.

권재우 · 네 선생님, 퍼실리테이션에 대한 귀한 이야기 감사합니다.

권재우 · 간혹 선생님들이 퍼실리테이터를 단순한 회의 진행자로만 여기는 경우가 있는데, 선생님들께서는 퍼실리테이터가 어떤 의미가 있다고 생각하시나요?

선생님 1 · 공동체를 만들어가는 역할, 그게 이제 퍼실리테이터가 아닌가 하는 생각을 합니다.

선생님 3 · 저는 학교에서 퍼실리테이터가 된다는 것은 그 선생님들이 가지고 있는 생각들, 차마 하지 못하는 생각들도 자유롭게 꺼낼 수 있게 해주는 것이라고 생각해요.

선생님 2 • 사실 퍼실리테이터로 판을 이끌어 나가지만, 그 사람들의 생각을 이끌어내는 건 거기에 참여하는 사람들이라는 생각을 하게 되더라고요. 제가 끌어주는 게 아니고, 저는 그 과정에서 참석하신 분들을 더 많이 이해하고 알아갈 수 있는 과정, 진행할 때마다 저를 내려놓는다는 게 굉장히 어려웠었는데, 선생님들끼리 서로 주고받으면서, 훨씬 더 넓어지고 깊어지는 걸 보면서, 보람된 역할이라고 생각을 많이 하고 있습니다.

권재우 • 그렇다면 혹시 선생님들께서는 퍼실리테이션을 활용해서 학교의 다양한 문제를 해결해 본 경험이 있으신가요. 퍼실리테이션을 적용했을 때 변화과정에 대해서 이야기 해주시면 감사하겠습니다.

선생님 3 • 혁신학교 4년 차에 종합평가를 받는 학교에 워크숍을 한 7번 정도 진행을 한 적이 있었습니다. 그 학교가 종합평가 대상 학교다 보니까 컨퍼런스를 진행을 해야 하거든요. 그런데, 어떤 주제로 그 지역의 선생님들과 같이 이야기를 해야 할지 전혀 감을 못 잡고 있는 상태였어요. 구성원들도 많이 바뀌고요. 그래서 7번 워크숍을 진행하는 동안 본인들의 학교를 되돌아보고, 학교에 대한 여러 상황에 대해 선생님들과 생각을 서로 나누는 시간을 가졌습니다. 그런 과정에 선생님들뿐만 아니라, 그 학년 부장선생님들 또한 역량이 높아져 가는 경험을 했습니다. 그때 '아! 학교에서 퍼실리테이터는 정말 중요하구나' 라는 생각이 들었습니다.

선생님 1 • 저는 퍼실리테이터가 있고 없음에 따라 회의가 나뉜다고 하면, 전자는 전달이라고 할 수 있습니다. 전달이라고 하면 거기에 주인은 결국은 주도자가 있는 것이고, 다른 선생님들은 팔로우가 되는 것이지요. 하지만 후자는 공동의 참여가 있는 회의입니다. 참여가 중요한 이유는 참여를 통해서 같이 결정했기 때문에 공동의 책임이 되는 것입니다. 그래서 회의의 내용이 공동의 책임이 되고 그 공동의 책임을 통해서 전문적 자본, 전문성이 향상된다고 저는 생각합니다. 때문에 이 과정이 역량이 커지는 작업이기도 합니다. 굉장히 중요하다고 생각하고 있습니다.

권재우 • 그렇다면 스쿨퍼실리테이션 워크숍을 진행하시면서 선생님들 개인적으로 퍼실리테이터는 좀 이런 것들이 꼭 필요하겠다, 핵심역량이라고 생각하시는 것들이 있겠죠. 만약 한 가지씩 꼽으라고 한다면 어떤 게 있을까요?

선생님 1 • 저는 흔히 얘기하는 '빅마우스'라고 하시는 분들과 제가 어떻게 관계를 맺고, 그 분의 참여를 적당히 조화롭게 이끌어갈 수 있을지가 실제 현장에서 굉장히 중요한 이슈더라고요.

권재우 • 한 사람으로 의견이 쏠리지 않게 균형감을 갖는 게 중요하다는 말씀이시죠?

선생님 1 • 네, 그리고 또 그분만 회의를 주도하지 않고 다른 선생님들 의견을 다 내실 수 있게, 생각을 다 드러내실 수 있도록 하는 것. 그것도 굉장히 중요하더라고요.

권재우 • 네 맞습니다. 모든 사람 의견들이 존중받을 수 있게끔 말이죠.

선생님 2 • 저는 퍼실리테이터로서 굉장히 중요한 역량 중의 하나가 질문을 만드는 능력이라는 생각을 했어요. 어떤 질문을 던지느냐에 따라서 얼마큼 서로 깊어지고, 얼마큼 서로 앞으로 나아가고, 역량이 쌓일 수 있는지 그 질문을 생성하는 능력이 참 중요하지 않겠냐는 생각을 하게 되었습니다.

선생님 3 • 저는 조금 덧붙이자면 그 의견과 생각들, 이야기들의 흐름을 파악하는 능력이 중요하다고 생각합니다.

선생님 2 • 모든 참여자의 의견을 다 파악하는 능력이 퍼실리테이터가 가져야 하는 능력이 아닌가 하는 생각이 들어요.

권재우 • 학교에서 퍼실리테이터가 된다는 것은 참 번거로운 일일 수도 있습니다. 누군가의 의견을 듣고, 모은다는 것은 에너지 소비가 많은 일이죠. 그런데도 이렇게 학교를 위해서 애쓰시는 선생님들께 큰 박수를 드리고 싶습니다.

권재우 • 사실 회의를 준비한다는 것은 꽤 많은 노력이 들어갑니다. 사전에 점검하고 준비해야 될 것들이 많이 있죠. 선생님들 학교에서는 평소 그것들을 어떻게 진행하시고 챙기시는지 궁금합니다.

선생님 1 • 저는 회의를 준비할 때 회의 안건에 따라서 이게 전체가 정말 의견이 모아져야 되는 것인가 아니면 모둠으로 이야기를 나눠서 모아야 될 것인가 이런 부분들을 고민하고 들어갑니다. 그래서 모둠으로 구분해야 된다고 하면, 이 모둠들을 몇 명씩 구분하여 배치할 것인가 책상은 어떻게 배열할 것인가 처음부터 고민하고 들어가는 편이지요. 마찬가지로 모둠원들은 또 어떻게 앉도록 할 것인가 이런 것도 같이 고민하고 들어갑니다.

선생님 3 • 저 같은 경우, 본 회의 전에 또 어떤 회의가 필요한지 좀 고민을 하는 편입니다. 그래서 그 회의가 본 회의가 제대로 되기 위해서 그 전에 어떤 심도 있는 이야기와 사전 회의가 필요한지 그 여부를 좀 생각을 하는 편이에요.

권재우 • 전체가 모여서 결정할 회의인지, 아니면 어느 정도 안을 정리해서 진행이 되어야 될지 그런걸 정리하는 건가요?

선생님 3 • 네. 그런 셈이죠.

선생님 2 • 저희 학교는 업무지원팀이 구성되어서 운영되는 체제인데요. 요즘에는 고민을 많이 하고 같이 하고 있는 작업 중의 하나가 회의를 시작하기 전 공동으로 사전 설계부터 같이하는 것이죠.

권재우 • 꽤 의미 있는 말씀이신 것 같아요. 제가 공동 수업이라든지 공동 교육과정에 대해서는 실천하고 고민을 하고 있는데 회의 자체에 대해서 함께 고민을 해본다는 것은 새로운 기회고 도전인 것 같습니다. 그리고 선생님들께서 회의를 준비하는 입장에서 '이것만은 꼭 준비를 해야 된다, 꼭 챙겨야 된다.' 라는 요소가 있다면 무엇이 있을까요?

선생님 1 • 저는 마치는 시간이라고 생각합니다. 언제 시작해서 언제 끝날 것이라는 시간이 정해지지 않은 상태면 참여자들이 굉장히 부담스러울 수 있습니다. 만약 그때까지 결론이 나지 않는다면 이 안건들은 어떻게 하겠다는 사전 협의가 꼭 필요합니다.

선생님 3 • 저는 사전 안내가 되게 중요하다고 생각을 해요.

권재우 • 네~ 앞의 선생님과 비슷한 의견인데요. 회의를 참석하시는 선생님들에게 우리가 밀도 있는 회의, 좀 의미 있는 회의가 되기 위해서 사전에 안내되어야 할 것들이 있다면 어떤 것들이 있을까요?

선생님 2 • 저희 같은 경우는 최소 3일 전에 공지를 하는데요. 이번 회의에 안건은 무엇이고 이번 회의에 목적은 뭐고 오늘 우리가 추구하고자 하는 결과물은 여기까지다. 근데 이게 이번 회의에서는 설계가 안 될 것이기 때문에 2차, 3차는 언제라는 공지를 미리 다 해드립니다. 회의에서는 공감할 수 있는 바가 적어서 결국 시간에 쫓겨 원하지 않는 결과를 가져오는 일이 많기 때문에 그런 공감대를 책임감 있게 수립할 수 있지 않을까 생각합니다.

권재우 • 학교 회의가 의미 있기 위해서는 사전에 준비해야 될 것들이 많이 있습니다. 밀도 있는 회의, 결과물 있는 회의를 이끄는 것이죠. 그렇지만 조금은 번거로운 일일 수도 있습니다. 그럼에도 불구하고 저는 사전에 우리가 준비하고 점검하는 것에 따라서 워크숍이나 회의에 결과물이 달라질 것이라고 생각합니다.

권재우 • 가끔 학교에서 학급 회의를 하다보면 구성원들이 자신의 생각을 자유롭게 이야기하는 것에 대해서 두려워하는 경우가 있습니다. 선생님께서는 그 이유가 무엇이라고 생각하시나요?

선생님 1 • 섣불리 말했다 내 책임이 되지 않을까? 혹은 나를 어떻게 평가할까? 즉 아직은 회의가 안전한 공간이라는 그런 생각들이 없어서 그렇지 않을까 생각합니다.

선생님 2 • 한편으로 생각해 보면 학교라는 공간이 교사들에게 있어서는 그렇게 많은 고민이 필요 없는 공간일 수 있겠다고 생각해요. 오신 훌륭하고 많은 선생님들께서 많은 노력들을 하고 계시지만 지금까지 저 또한 지내왔던 과정을 보면 그렇게까지 많은 고민을 하지 않고도 얼마든지 운영되던 공간이었었기 때문에 별 다른 의견을 제시하지 않아도 편히 지낼 수 있지 않았나 생각합니다.

권재우 • 그렇다면 학급에서 저는 또 주로 학급에서 많이 고민이 되더라고요. 학급도 그렇고 교사들이 자유롭게 생각을 꺼내기 위해서 퍼실리테이터 입장에서는 어떤 노력을 해야 되겠고 참여자들은 어떤 마음으로 접근을 해야 될지 이야기를 부탁드리겠습니다.

선생님 1 • 제 경험을 하나 말씀드리자면, 제가 선생님들과 같이 회의하는 자리였는데 진행하시는 분이 그렇게 말씀하시는 것이에요. 좋은 질문을 하셨다고. 그리고 이런 생각이 들었습니다. 우리는 여전히 의견에 대해 평가 받고 있구나. 몰라서 물어보는 것조차도 모른다는 것 자체를 표현하기가 되게 어려운 문화이기 때문에 일단은 참여를 이끌기 위해서는 진행자가 평가하지 않는 것이지요. 근데 그 평가라는 게 말로 평가하는 것뿐만 아니라, 눈빛도 있고 몸짓도 있잖아요. 우리가 다 같이 이 문제를 해결하기 위해서 노력하는 것이지, 어떤 의견이 좋고 나쁘다는 평가를 하지 않는다는 암묵적인 약속만 있어도 굉장히 중요한 출발점이라고 생각합니다.

선생님 3 • 저는 회의를 진행할 때요. 굉장히 듣는 게 힘들더라고요. 나름대로 다른 사람 말을 잘 듣는다고 생각했는데, 참여자들의 의견을 지속적으로 들어가면서 무엇을 말하고자 하는지 파악하기 위해서는 굉장히 집중 있게 경청해야할 필요가 있었습니다. 굉장히 힘들더라고요. 경청을 하는 자세가 퍼실리테이터한테 굉장히 중요한 것 같고요. 또 참여자가 되었을 때는 회의 오기 전에 이 회의가 왜 열리는지 그 목적은 알고 와야 되지 않을까 라는 생각을 해요.

권재우 • 그러나 가끔은 회의만 잘하고 실천으로 이어지지 않는 경우가 많습니다. 회의의 내용이 실행으로 이어지기 위해서 어떤 점이 우리가 필요할까요?

선생님 1 • 저는 언제까지 실천을 해보고 실천 결과를 나누자하는 것까지도 회의 시간에 같이 결정이 되어야 된다고 생각합니다. 결정된 사항들은 한 달 동안 같이 해보고 결과가 어땠는지, 혹은 수정을 할 내용들이 있는지 논의가 되어야만 목표한 바를 실천으로 이어가기가 수월할 것 같습니다.

선생님 3 • 저는 그래서 앞에 말씀하셨던 것들이 회의 시스템으로 갖춰져야 될 것 같아요. 회의를 통해서 결정된 것들은 실천으로 이어지는 게 당연한데 그것이 피드백을 거쳐야 될 게 있고 그렇지 않아도 될 게 있다고 생각을 하거든요. 그리고 어떤 결정사항을 모두 다 '이주 후에, 삼 주 후에, 한 달 후에 피드백 시간을 가지자.' 그것도 또 어떻게 보면 꼭 모여야만 하는 시간이 되잖아요. 그래서 피드백 사안들은 언제 또 우리가 모여서 이야기를 해야 되는지 시스템적으로 마련해야 되지 않을까 생각이 듭니다.

권재우 • 알겠습니다. 시스템화하는 것이 필요하다는 것이 말씀인 것 같습니다. 우리가 실행으로 옮기기 위해서 교사 회의록이라는 것을 많이 활용합니다. 회의록이 주는 장점이 어떤 게 있을까요? 사례가 있다면 이야기를 부탁드리겠습니다.

선생님 1 • 모든 회의가 기록되지 않는다 하더라도 정말 중요한 회의들이 기록되고 그게 공식 문서를 통해서 남는다면, 구성원이 바뀌었을 때에도 회의 내용을 잘 보여줄 수 있다는 장점이 될 것 같습니다.

선생님 3 • 기록을 남기는 것도 중요한데 어떻게 보면 기록은 맥락이잖아요. 그 맥락을 이어나가는 또 사람의 역할도 굉장히 중요하다고 생각을 해요. 그래서 그 기록을 점검을 하고 그다음을 어떻게 이어나갈 건지 그런 역할을 하는 사람이 학교 안에서 필요한 것 같습니다.

권재우 • 결국 제가 듣기로는 삶인 것 같습니다. 기록에 머물지 않고 교사의 삶으로써 꾸준하게 이어나가는 회의록이 필요하지 않나 생각을 해봅니다.

권재우 • 그렇다면 선생님들이 생각하는 학교자치 그리고 교사 자치회 최종목표는 무엇이라고 생각하시나요?

선생님 1 • 저희가 계속 회의 얘기를 하다 보면 자꾸 '어떻게 좋은 회의를 만들까?, 어떻게 회의를 잘할까?'에 매몰되는 경우가 습니다. '교육의 목적이 무엇일까?' 생각해보면 아이들 시민으로 잘 자라나게 하는 것, 이게 최종 목적이 되어야 하는데, 가끔 그 목적을 잊어버리는 경우가 생기기도 합니다. 그저 회의를 잘하기 위한 도구로 쓰고 있는 것 같은 기분이 들어 그런 부분들을 좀 더 염두에 두고 했으면 좋겠다는 생각을 합니다.

선생님 2 • 학교자치는 학교 구성원들에게 학교를 돌려준다는 개념보다는 주인이 될 수 있도록 도와주는 방법인 거 같아요. 각각의 학교마다 처한 상황도 다르고, 구성원이 다르다면 그 학교에서 결정해서 운영해 나갈 수 있는 부분에도 차이가 있는 것이 당연하다고 생각합니다. 때문에 우리가 주인이 되기 위해서는 그런 모든 것들에 대해서 열린 마음을 가지고 있어야 학교자치가 참된 의미를 갖는 거라고 생각을 합니다. 더불어 사는 민주시민으로 교사들이 직접 의사를 결정해 나갈 때 비로소 학교가 온전하게 제 역할을 할 수 있지 않을까 생각해 봅니다.

권재우 • 의견 감사합니다. 저는 학교자치가 결국에는 교육과정 자치로 이어져야 한다고 보고 있습니다. 선생님들께서도 학교에 적합한 교육과정을 자율적으로 계획하고, 기획함에 있어 어떤 지원과 좀 노력이 필요하다고 좀 생각을 하시나요?

선생님 3 • 우리가 회의에 관심을 가지고, 또 퍼실리테이션에 관심을 가지고, 학교 자체적으로 구성원의 의견을 모아서 우리 나름대로의 결정을 해보는 의미 있는 노력들을 많이 하고 있습니다. 그런데 여전히 학교 안에서 결정을 할 수 있는 것은 많지가 않아요. 그렇다보니까 어떤 것을 안건으로 올려야 될지 스스로도 많이 고민이 되고요. 그래서 제도적으로 학교자치를 위한 뒷받침이 필요할 것 같고, 공부도 많이 필요할 것 같습니다.

선생님 1 • 선생님 말씀에 덧붙여 얘기하자면, 학교자치나 교사자치에 대한 안목과 관심, 그 밖에 교육자치에 대한 관심들도 같이 가지고 우리가 접근해야 좀 더 큰 시각을 가지고 아이들과 함께 살아가지 않을까 생각합니다.

선생님 2 • 과연 우리는 교육과정 안에 아이들을 얼마나 참여시켜 봤나? 라는 질문에 대해 많은 반성이 필요하다고 생각을 합니다. 많은 이름으로 프로젝트 학습이 이루어지고 있는데 프로젝트 기획 단계부터 과연 아이들에게 얼마큼에 참여 기회를 주고 있고, 얼마나 그 의도를 순수하게 존중해 주었는가를 생각해볼 필요가 있습니다. 교육자치에는 교사가 바라고 요구하는 만큼 학생들도 먼저 참여할 수 있게 해줘야 학생들이 진짜 주인이 될 수 있지 않을까 생각을 하게 됩니다.

권재우 • 의견 감사합니다. 교육과정 자치가 되기 위해서는 교사들이 선택권이 있어야 할 것 같아요. 교재에 대한 선택권, 어떻게 가르칠 것인지, 평가를 어떻게 할 것인지, 교사 스스로가 마음을 먹고 뜻을 세워야 하는데 우리 학교 안에 무수히 많은 규정이 그것들을 막고 있는 것이 아닌가 생각해 보고요. 우리가 놓치지 않고 가야 할 부분인 거 같습니다.

권재우 • 그럼 마지막 질문을 해보겠습니다. 교사들이 자존감을 회복하고, 진정한 교육활동에 주최로 우뚝 서기 위해서 무엇이 필요하다 생각하시나요?

선생님 3 • 저는 교사에 대한 신뢰 필요하다고 생각합니다. 내부적인 시각이기도 하고 외부적인 시각일 것 같아요. 둘 다를 의미합니다. 그래서 교사들이 서로에게 믿음을 잃지 않는 것. 우리 잘 할 수 있고 훌륭한 사람이다, 그리고 해낼 수 있다고 서로 믿는 것이 중요하다고 생각합니다. 그리고 외부적으로는 교사들의 매스컴에 비쳐지는 일들을 확대해서 혹은 하나의 사례를 전체인 것처럼 매도하는 경우가 많은데, 정말 학교에 계시는 선생님들께서는 한 분 한 분이 모두 다 노력하고 계시니 그렇게 믿어 주는 것들이 교사들을 변화를 이끌 수 있는 큰 중요한 시각. 안목이 될 것 같습니다.

선생님 1 • 고민을 하지 않아도 학교는 지금까지 잘 흘러가고 운영이 되었어요. 아마 여기 계시는 분들도 다 동의를 하시는 부분일 것입니다. 교사 스스로 자존감을 회복을 하고 주체가 되기 위해서는 스스로 고민을 해야 되고, 스스로 사고를 하고, 행동으로 옮겼을 때 저도 주체가 된다고 생각을 하거든요. 그렇다면 학교 안에서 살아가는 우리 선생님들이 스스로 고민 할 수 있게끔 만들어 주는 요소가 뭘까, 그 기제가 뭘까, 그리고 선생님들 삶의 그게 완전히 스며들지 않은 이유는 뭘까 고민을 해야 되지 않을까 싶어요.

권재우 • 맞습니다. 성공한 혁신학교를 들여다보면 그 바탕에는 교원학습공동체가 있었습니다. 그리고 그 학교에서 다루었던 주제는 아주 크거나 놀라운 주제가 아니었습니다. 하루하루 어떻게 살아갈 것인가 아이들 어떻게 만날 것인가에 대한 것이었죠. 요즘 우리가 다루고 있는 교원학습공동체와는 좀 결이 좀 다른 거 같습니다. 제가 생각하기로는 교원학습공동체는 교사 자체 다른 말인 거 같습니다. 교사들이 어떻게 아이들과 만나고 우리의 문제를 해결할 것인가 그런 고민과 과정을 통해서 교사들은 더 성장하지 않을까 생각해 봅니다. 지금까지 인터뷰에 응해 주셔서 정말 감사합니다.

교사 자치의 핵심은 교사 스스로가 무엇을 할지, 하지 않을지 선택하는 자기 결정권에 있다는 것입니다. 성공한 혁신학교의 바탕에는 교사들의 뜻이 반영되는 교직원 회의가 있었습니다. 이처럼 성공한 혁신학교의 바탕에는 교사자치가 있습니다. 자신의 의견이 반영되는 회의는 교사들의 자발성을 이끕니다.

교육철학은 책을 통해서 얻어지기도 하지만 저는 동료 교사들의 삶을 통해 발견하는 경우가 많습니다. '나도 저런 교사가 되어야겠다. 나도 선배가 되면 저렇게 해야겠다.' 라고 말입니다. 하지만 학교에서 그런 경험을 해본적은 별로 없을 것입니다.

그런데 교사자치가 활성화된 학교는 조금 달랐습니다. 교사자치가 활성화된 학교의 회의는 '교사의 삶'을 다룹니다. 업무가 아닌 교육활동이 이야기의 중심이 되는 것입니다. 나들이는 어떻게 갈 것이며, 준비물은 무엇이 필요한지부터, 교사란 어떤 존재여야 하고, 교육은 무엇인지 이야기 합니다. 이렇듯 상황이 변하면 놀라운 일들이 생겨납니다. '아! 내 주위에 이렇게 훌륭하신 분들이 많구나!'라는 것을 새삼 깨닫게 되는 것입니다.

교사자치는 업무 중심의 학교를 교육중심의 학교로 변화시켰습니다. 일이 아닌 사람을 이야기하고, 우리는 공동체라는 느낌까지 받게 합니다. 그리고 그런 호혜적인 분위기는 학급과 수업으로 이어집니다. 교사의 삶이란 학교와 학생, 수업을 떠날 수 없기 때문입니다. 모든 회의의 마지막은 자연스레 수업으로 이어졌고, 실천으로 연결될 것입니다. 바로 교사자치가 준 힘입니다.

우리는 수영을 잘하기 위해서 수영하는 방법을 배워야 합니다. 그냥 무턱대고 물에 들어가는 사람은 없습니다. 이처럼 의사소통을 잘하고 싶다면 의사소통하는 방법을 배워야 합니다. 그런데 우리는 어떤가요? 수평적 민주적 의사소통을 가장 원하는 사람이 가장 독선적으로 이야기하는 경우가 많습니다. 저는 몇 해 전 교감선생님들과 연수를 진행해본 적이 있습니다. 그 때 교감 선생님들의 한결같은 말씀은 '잘하고 싶은데 방법을 잘 모르겠다' 였습니다. 소통을 원하는 마음은 같았습니다.

수평적 민주적인 문화를 만들기 위해서 가장 먼저 필요한 것은 그들도 나와 같을 것이라는 믿음입니다. '저 선생님은 나와 다를 거야.

교장 교감선생님은 우리랑 달라!'라고 단정 짓지 않고, 같은 마음이라 믿는 것입니다. 결국 소통을 하기 위해 제일 먼저 해야 할 일은 상대방을 인정하는 일입니다. 그리고 나부터 수평적이고 민주적으로 의사소통을 하기 위해 애써야 합니다. 그래야 문제가 해결될 수 있다고 봅니다. 감나무 아래에서 입만 벌린다고 감을 얻을 수는 없습니다. 지금이라도 나를 위해 자치를 시작해본다라는 마음, 즐겁게 참여해본다는 마음으로 함께 해주셨으면 좋겠습니다.

권재우

참고문헌

도서

- Wayne K. Hoy, Cecil G.Miskel, 『교육행정 이론·연구·실제』, 아카데미프레스(2013)
- 구기욱, 『반영조직』, Koofabooks(2016)
- 김성천 외, 『학교자치』, 즐거운학교(2018)
- 데이브 그레이·서니 브라운·제임스 매카누포, 『게임스토밍』, 한빛미디어(2016)
- 마이클 풀란, 『학교를 개선하는 교사』, 레인보우북스(2006)
- 사이먼 사이넥, 『나는 왜 일을 하는가』, 타임비즈(2013)
- 서정오, 『우리가 정말 알아야 할 우리 옛이야기 백가지 1』, 현암사(1997)
- 심성보·이동기·장은주·케르스틴 폴, 『보이텔스바흐 합의와 민주시민교육』, 북멘토(2018)
- 애덤그랜트, 『오리지널스』, 한국경제신문사(2016)
- 에티엔 웽거, 『실천공동체』, 학지사(2007)
- 정문성, 『토의 토론 수업방법 84』, 교육과학사(2017)
- 채홍미·주현희, 『소통을 디자인하는 리더 퍼실리테이터』, 아이앤유(2014)
- 허은순, 『6학년 1반 구덕천』, 현암사(2008)
- 호리 기미토시, 『문제해결을 위한 퍼실리테이션의 기술』, 일빛(2005)
- 호리 기미토시, 『퍼실리테이션 테크닉 65』, 비즈니스맵(2014)

영화

- 스티븐 크보스키, 원더(2017)

연구 논문

- 윤정·김병찬, '학교혁신'에 참여하게 된 교사들의 갈등 경험에 관한 연구(2016)

교사가 먼저 시작하는 학교자치
스쿨퍼실리테이션

초판 1쇄 발행 2019년 9월 30일
초판 5쇄 발행 2022년 1월 10일

지은이 권재우
기획·편집 왕선경, 장인영
디자인 올컨텐츠그룹

펴낸곳 ㈜아이스크림미디어
출판등록 2013년 12월 11일
신고번호 제2013 – 000115호
주소 경기도 성남시 분당구 판교역로 225-20 시공빌딩
전화 1544-3070
팩스 02-6280-5222
홈페이지 http://teacher.i-scream.co.kr

ISBN 979-11-5929-028-2 03370 **CIP** 2019037651